"Steve Jobs"

"Albert Einstein"

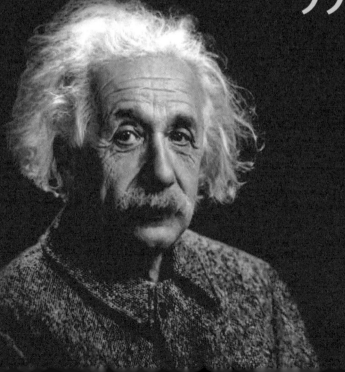

"내게 있어서 최대의 학교는 조크였다. 세상 사람들은 룰만 믿어서는 안 된다. 그 룰에 매여 있어서는 그 룰을 바꿀만한 새로운 룰을 만들어 낼 수 없기 때문이다."

이 말은 20세기의 최고 물리학자인 알베르트 아인슈타인Albert Einstein이 한 말로, 조크 즉 유머는 기존의 낡은 틀을 깨뜨리고 새롭게 증진함은 물론 새로운 틀을 만들 만큼 긍정적인 영향을 준다는 의미이다. 아인슈타인은 유머 감각이 매우 탁월해 주변 사람들을 즐겁게 했다고 한다. 그는 또 말하기보다는 경청하기를 더 즐겼지만, 그가 했던 일상적인 말은 대개가 재치와 위트가 넘치는 유머러스한 말이었다.

"나는 당신과 같이 그 일을 하고 싶습니다. 어떻게 생각하세요?"라는 말과

"우리가 함께 그 일을 해보는 것은 어떨까요? 우리가 함께한다면 잘 할 것 같은데요."

라는 말 중 어떤 말에서 더 친밀감이 느껴질까.

당연히 두 번째 말을 더 친밀하게 느낄 것이다.

이처럼 우리라는 말은 공동체 의식을 갖게 하여 '우리는 하나'라는 친밀감을 준다.

"웃음은 대나무와 같은 탄력성을 유대인에게 주어왔다.

아무리 금방 부러질 것 같이 되었다가도 언제나 탁 튕겨내는 탄력성을 주었던 것이다.

유대인은 언제나 웃음에 의해서 용기를 되찾았다.

웃는 여유가 있는 사람은 결코 좌절하지 않는 법이다.

웃음이 용기를 주고, 용기에서 웃음이 태어나기 때문이다."

"
Mark Elliot Zuckerberg
"

자기 생각을 질문형식으로 말했다.

상대에게 물어봄으로써 상대의 반응에 따라 자기 생각이 옳다거나 자신이 하고자 하는 일을 해도 되겠다는 확신을 가졌던 것이다.

"단젤로, 음악 프로그램을 만들려고 하는데 네 생각은 어때?"

"음악 프로그램?"

"응. 프로그램을 만들면 매우 흥미로울 것 같은데, 너도 그런 생각이 드니?"

"응. 괜찮은 것 같은데."

"그래?"

"응. 그럼 우리 한번 만들어 보자."

여기서 우리가 주목해야 할 것은 저커버그가 단젤로에게 "우리 함께 음악 프로그램을 만들지 않을래?"라고 하지 않고도 그가 자기 생각을 따르게 했다는 사실이다.

둘은 머리를 맞대고 연구한 끝에 음악재생 프로그램인 시냅스 미디어 플레이어를 만들어냈다. 소문을 듣고 마이크로소프트사에서 찾아와 100만 달러에 팔라고 했지만 팔지 않았다. 또한 미국에 있는 세계 최대의 PC 통신 서비스 회사인 아메리카 온라인에서도 팔라고 했지만 그의 대답은 역시 같았다. 이유는 무료로 프로그램을 공개하기 위해서였다. 그는 사람들에게 도움 주는 것을 기쁨으로 알았기 때문에 사람들이 기뻐하는 것을 보면 너무도 행복했다. 자신이 누군가에게 기쁨을 주는 것처럼 행복한 일은 없다고 생각했던 것이다.

"스컬리 사장님, 저는 스컬리 사장님을 우리 애플에 모시고 싶습니다."
"나를요. 난 지금 부러울 것이 없는 사람입니다."
"잘 압니다. 그러나 우리 애플은 사장님을 원합니다. 어떻습니까? 애플을 맡아주시겠습니까?"
스티브 잡스는 그의 눈을 바라보고 말했다.
"왜 내가 필요합니까?"
"사장님의 능력이 필요해서입니다."
"하지만, 나는 그럴 마음이 없습니다."
스컬리는 이렇게 말하며 스티브 잡스가 가주길 바랐다. 스컬리의 말을 듣고 스티브 잡스는 힘주어 말했다.
"사장님, 설탕물이나 팔면서 남은 인생을 보내고 싶습니까? 아니면 나와 함께 세상을 바꿔보겠습니까?"
스컬리는 스티브 잡스의 말을 듣고 순간 멍한 표정이 되었다. 스티브 잡스의 말은 그에게 큰 울림을 주었던 것이다. 냉담했던 스컬리는 스티브 잡스의 말 한마디에 끌려 애플의 CEO가 되었다.

JEWISH WAY
IN COMMUNICATING

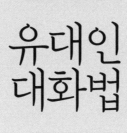

유대인
대화법

유대인 대화법

1판 1쇄 인쇄 2020년 8월 13일
1판 1쇄 발행 2020년 8월 15일

지은이 김옥림
발행인 김주복
편집 한영주
북디자인 밥

발행처 서래
출판등록 2011.8.12. 제 305-2011-000038호
주소 서울시 동대문구 답십리 2동 한신아파트 2동 106호
대표전화 070-4086-4283
팩스 02-989-3897
이메일 2010sr@naver.com

값 15,000원
ISBN 978-89-98588-25-0 03190

JEWISH WAY
IN COMMUNICATING

유대인
대화법

김옥림 지음

서래books

유대인의 저력
창조적인 말의 힘

●

자타가 인정하는 유대인. 전 세계적으로 볼 때 유대인 인구는 약 1,650만 명에 불과하다. 이는 전 세계 인구 77억 중 약 0.2%에 해당한다. 그런데 놀랍게도 역대 노벨상 수상자를 보면 노벨상이 처음 만들어진 1901년 이래 지금까지 전체 수상자 중 약 22%가 유대인이다.

유대인은 의학, 물리학, 화학, 금융, 경제, 문학, 예술 등 모든 분야에서 탁월한 능력을 발휘한다. 특히, 금융과 경제 분야에서는 독보적이다.

우리에게 잘 알려진 대표적인 유대인으로는 우주의 특수 상대성 이론을 발견하여 20세기 최고의 물리학자로 추앙받는 알베르트 아인슈타인Albert Einstein, 정신분석학의 창시자 지그문트 프로이트 Sigmund Freud, 미국 외교의 달인 헨리 키신저Henry Kissinger, 만유인력을 발견한 뉴턴Newton, 영국의 대정치가 이자 노벨문학상 수상자인 윈스턴 처칠Winston Churchill, 영국을 해가 지지 않는 나라로 만든 위대한 정치가 벤저민 디즈레일리Benjamin Disraeli, 공산주의 창시자 카를 마르크스Karl Marx, 음악가 멘델스존Mendelssohn, 피아니스트 루빈스타인Rubinstein, 명지휘자 레너드 번스타인Leonard Bernstein, 쿠바 혁명가 체 게바라Che Guevara, 투자의 귀재 조지 소로스George Soros, 세계 영화계의 거장 스티븐 스필버그Steven Spielberg, 명배우 찰리 채플린Charlie Chaplin, 현대미술사의 탁월한 컬렉터이자 기획자인 페기 구겐하임Peggy Guggenheim, 구글 창업자 세르게이 브린Sergey Brin과 래리 페이지Larry Page, 애플 창업자 스티브 잡스Steve Jobs, 마이크로소프트 창업자 빌 게이츠Bill Gates, 페이스북 창업자 마크 저커버그Zuckerberg, 스타벅스 창업자 하워드 슐츠Howard Schultz, 석유왕 존 데이비슨 록펠러John Davison Rockefeller, 미국 경제학자이자 연방은행 이사장 아서 F. 번스Arthur F.Burns, 이브닝 월드 창간인이자 퓰리처상 제정자인 조지프 퓰리처Joseph Pulitzer 등 그 수를 헤아릴 수 없을 정도다.

유대인의 뛰어난 경쟁력과 저력은 어디에서 오는 것일까.

첫째, 유대인의 돈독한 신앙심에 있다.

유대인은 여호와 즉, 하나님을 믿는다. 하나님은 유대교라고 불리는 그들 종교의 근본이자 창조주이시며, 심판자이시며, 절대적인 믿음의 근원이다.

그리고 유대인에게 성서는 위대한 '영혼의 양식'이다. 즉, 유대인에게 있어 성서를 읽는 것은 하나의 철칙이자 삶이며 생활인 것이다.

둘째, 유대인의 교육법에 있다.

유대인은 어린 시절 철저한 교육을 받는다. 하브루타Chavruta라는 전통적인 유대인 학습법은 나이나 성별, 신분과 관계없이 두 명이 짝을 지어 토론과 논쟁을 통해 논점과 판단력, 사고력을 기름으로써 폭넓은 생각의 깊이를 지니게 된다.

또한, 아침저녁으로 성경을 암송해야 하는데 이를 '쉐마Shema'라고 한다. 쉐마는 "너, 이스라엘아 들어라. 우리의 하나님 여호와이시다. 여호와 한 분뿐이시다" 신명기 6장 4절, 첫 구절에서 유래했다. 암송하는 성경 문구는 〈신명기〉 6장 4~9절, 11장 13~21절, 〈민수기〉 15장 37~41절의 3개의 성서를 본문으로 이루어졌는데, 유대인 신앙고백을 뜻한다. 이는 신심信心을 기르고, 논리력을 기르고, 사고력을 기르는 데 매우 효과적이다.

특히, 성서는 최고의 문학서이자 철학서이며, 인문서이며, 역사서

이며, 자기계발서이며, 최고의 화술서이기도 하다. 성서에는 수많은 사건이 이야기로 구성되어 있으며 그 이야기는 대개 구어체 문장으로 이루어져 스토리를 익히는 데 학습효과가 크다.

오늘날 스토리텔링이 혁신적인 교육법으로 떠오른 것과 무관하지 않다. 이야기를 구성하고 이끌어가는 능력은 창의력을 높이고, 자신만의 창의성을 갖추게 됨으로써 공부에 있어서나 일에 있어서, 또는 소통하는 데 있어 긍정적으로 작용한다. 어린 시절부터 길러진 이런 학습 교육은 입체적인 사고력을 지니게 하여 평면적 사고력을 크게 앞지르게 한다.

셋째, 그 어떤 고난과 실패를 두려워하지 않는 강인함에 있다.

유대인을 일컬어 '공기 인간'이라고 한다. 이는 랍비 마빈 토케이어가 한 말로 공기는 바늘구멍보다 작은 틈에도 스며든다. 막힘이 없고, 거침이 없다. 틈만 있으면 그곳이 어디든 스며들어 자신의 존재를 드러내는 게 공기이다. 그리고 공기는 사람이든 동물이든 나무든 꽃이든 살아 있는 모든 것에게 소중한 존재이다. 공기가 잠시라도 사라진다면 살아남을 생명체는 하나도 없다. 그만큼 공기는 절대적 가치를 지닌 존재이다.

유대인은 어떻게 이렇듯 강한 민족이 될 수 있었을까. 그들은 조상 아브라함 때부터 대대로 유목 생활을 했다. 물과 풀을 찾아 떠돌다 보면 이민족과 부딪치는 일이 비일비재하다. 여기서 살아남기 위해

서는 반드시 적을 물리쳐야 한다. 이런 삶의 역사가 유대인을 강하게
했던 것이다.

또한 로마제국으로부터 유대왕국이 멸망한 A.D 70년 이래 유대인
은 전 세계로 흩어져 2천 년 넘는 세월 동안 나라 없이 타민족으로부
터 숱한 박해를 받으며 살았다. 유럽에는 '게토Ghetto'라는 유대인만
사는 지역이 따로 있을 정도로 그들은 시련과 고난 속에 살았다. 그런
가운데 그들은 강해지는 법을 배웠고, 사람들과 잘 지내는 법을 터득
했으며, 그것이 유대인에게 생존을 넘어 현재에 이르게 한 것이다.

넷째는 유대인의 지혜서인 《탈무드》에 있다.

탈무드는 히브리어로 '깊이 배운다'는 뜻이다. 유대인은 무엇을 배
우든지 깊이 배운다. 수박 겉핥기 식은 절대 용납하지 않는다. 배움
의 진정한 가치이자 목적은 하나를 배워도 깊이 그리고 충분히 배우
는 것이다.

탈무드는 5천 년 역사와 전통을 지니고 총 20권에 1만 2천 페이지, 2
백 50만 단어로 이루어져 있으며, 유대민족의 살아있는 지혜가 체계
적으로 정리된 매우 방대한 책이다. 탈무드에는 인간이 살아가는 데
필요한 예술, 법, 도덕, 상술, 처세술, 자아 계발, 가정, 자녀, 교육 등
각 분야의 상식과 지혜가 아침햇살처럼 반짝이고 있다. 그리고 더욱
놀라운 것은 탈무드가 가르치는 지혜가 현재에도 그대로 적용되고,
미래에도 적용된다는 사실이다. 이는 탈무드가 과거 완료형이 아니

라 언제나 현재진행형이라는 것을 의미한다. 탈무드가 나라마다 번역 출간되어 널리 읽히고 있다는 것이 이를 잘 알게 해준다.

탈무드에 보면 "만나는 사람 모두에게서 무엇인가를 배울 수 있는 사람이 세상에서 가장 현명한 사람이다."란 말과 "모르는 것을 묻지 않는 것은 쓸데없는 오만일 뿐 그것은 아무것도 아니다."라는 말이 있다. 이 말에서 보듯 배움은 유대인에게 매우 소중한 삶의 가치이자 목적이다.

유대인이 뛰어난 경쟁력과 저력을 갖출 수 있었던 요인은 이 네 가지에 바탕을 둔다고 하겠다.

유대인은 경쟁력과 저력을 갖출 수 있었던 네 가지 요소를 통해 그들만의 '말의 힘'을 지니게 되었다. 이를 '유대인의 말'이라고 한다.

유대인은 오랜 세월 숱한 고난과 시련을 겪었음에도 매우 낙천적이고 낙관적인 마인드를 지니고 있다. 그리고 유머를 잃지 않는다. 유대인의 이런 마인드는 말을 하는 데 있어 그대로 나타난다.

인간관계에서 말이 지니는 기능과 힘은 실로 대단하다. 말은 자기 생각을 전달하는 수단이자 목적을 위한 도구이다. 자신의 생각을 어떻게 전하느냐에 따라 자신이 추구하고자 하는 것을 효과적으로 이루기도 하고, 그저 그렇게 나타나기도 하고, 아주 반대로 나타나기도 한다.

이렇게 본다면 말은 단순한 말이 아니다. 말은 그 사람의 지식과 능력, 결단력과 판단력, 추진력 등을 알게 하는 모든 것이다. 말은 곧 그 사람인 것이다.

말은 그 사람의 경쟁력의 근원이며 자산과도 같다. 미디어 세상인 현대를 살아가는 데 있어서 더더구나 말이 지니는 영향력은 그 정도가 더욱 크다고 하겠다. 말을 잘하느냐 못하느냐에 따라 일의 성패가 달렸다고 해도 과언이 아니다.

이 책은 유대인의 말, 즉 대화법을 통해 현대를 살아가기에 도움을 주기 위해 쓰였다. 특히 이 책은 누구나 알만한 성공한 유대인을 통해 그들만이 지니는 각각의 말의 특징과 개성, 표현 방법을 체계적으로 분석하고 그 실천 방안에 대해 제시하였다. 이는 여타의 말에 관한 책과 변별력을 둠으로써 인물들 각자의 개성 있는 대화법을 구체적으로 콕콕 집어 쉽게 배울 수 있게 하기 위함이다.

유대인의 경쟁력과 저력은 유대인의 '창조적'인 '말의 힘'에 있다. 자신의 삶을 보다 혁신적으로 바꾸고자 한다면 이 책을 반드시 읽기 바란다. 이 책을 읽기 전과 읽었을 때의 생각이 확연히 달라지는 것을 경험할 것이다. 그리고 나아가 반드시 이를 실천에 옮겨야만 한다. 안다는 것은 단지 머릿속에 집어넣는 것이 아니다. 진정으로 안다는 것은 머릿속에 집어넣은 것을 실천함으로써 성과를 이루었을 때이다.

　이 책을 대하는 모든 분이 원하는 삶을 사는 데 있어 이 책이 큰 힘이 되어주길 바라며, 늘 행운이 함께 하길 기원한다.

김옥림

차례

CHAPTER 3

유대인의 비언어적 화법 요소

Chapter 1

품격 있는 탈무드적 유대인 대화법

01

정곡을 찌르는 유머와 간결한 핵심 대화법

윈스턴 처칠
(Winston Churchill 1874~1965)

영국 총리를 두 번이나 역임한 명연설가이자 영국의 대정치가이며 회고록《제2차 세계대전 The Second World War》로 노벨 문학상을 받았다.

대화함에 있어 유머는 대화의 분위기를 부드럽고 유연하게 만들어주는 촉매제 역할을 한다. 무거운 주제나 딱딱한 논제나 어두운 분위기도 유머 하나면 말끔히 해소가 된다. 유머가 사람들에게 공감을 불러일으키는 것은 사람들의 마음을 유유하고 넉넉하게 만들어주기 때문이다.

　유머는 비실용적인 언어지만 잘 쓰는 유머 하나는 백 가지 실용적인 언어보다도 유익하고 힘이 세다. 이런 유머를 대화에 적절하게 활용하면 대화의 분위기를 주도함은 물론 상대방으로부터 자신이 얻고자 하는 바를 성공적으로 끌어낼 수 있다.

"다른 사람을 웃게 하는 사람은 생각하게 하는 사람보다 유리하다."

이는 프랑스 시인 말콤 드 샤잘이 유머가 상대방에게 미치는 영향에 대해 한 말로, 유머가 그 어떤 것보다도 대화를 유리하게 이끈다는 것을 알 수 있다.

"내게 있어서 최대의 학교는 조크였다. 세상 사람들은 룰만 믿어서는 안 된다. 그 룰에 매여 있어서는 그 룰을 바꿀만한 새로운 룰을 만들어 낼 수 없기 때문이다."

이 말은 20세기의 최고 물리학자인 알베르트 아인슈타인Albert Einstein이 한 말로, 조크 즉 유머는 기존의 낡은 틀을 깨뜨리고 새롭게 증진함은 물론 새로운 틀을 만들 만큼 긍정적인 영향을 준다는 의미이다. 아인슈타인은 유머 감각이 매우 탁월해 주변 사람들을 즐겁게 했다고 한다. 그는 또 말하기보다는 경청하기를 더 즐겼지만, 그가 했던 일상적인 말은 대개가 재치와 위트가 넘치는 유머러스한 말이었다.

우리가 잘 알고 있는 지그문트 프로이트, 토머스 에디슨, 헨리 키신저 등은 유머 감각이 매우 뛰어나 언제나 사람들의 시선을 한 몸에 받았다고 한다. 이들은 당대의 뛰어난 논객이라는 공통점을 안고 있다.

이를 보더라도 유머는 단순한 위트나 웃음을 주는 대화의 요소 중

하나가 아니다. 모두에서 말했듯 유머는 에너지가 충만한 상상력을 자극하는 말인 것이다.

대화함에 있어 간결한 화법은 상대방에게 자신이 생각하는 바를 간단명료하게 전하는 데 매우 유리하다. 사람들은 대개 길고 지루하게 말하는 것을 싫어한다. 그래서 길게 늘어놓는 말은 상대방을 불편하게 하고 비효율적으로 작용한다.

하지만 말하고자 하는 취지를 핵심적으로 간결하게 말하면 상대방의 귀에 쏙쏙 들어감으로써 상대방이 전혀 불편함을 느끼지 않게 하면서도 자신의 생각을 받아들이게 한다. 이에 대해 프랑스 파리 소르본 대학과 고등 상공학교 부교수이자, 커뮤니케이션 교육회사인 뉘아주 블랑 상토르 이뎁Nuages Blancs Centor Idep의 부사장인 리오넬 벨랑제는 다음과 같이 말한다.

"간결하게 말하는 것, 핵심을 짚어 말하는 것이 상대방에 대한 존중이자 정중한 예의다. 요즘 핵심을 짚을 줄 아는 능력이 강점이 되는 추세이나 이 능력은 흔치 않은 능력이다. 그래서 오늘날 적시에 핵심을 짚어 말할 줄 아는 사람들이 확연히 두드러진다."

리오넬 벨랑제의 말에서 간결하고 핵심적인 말이 사람들과의 대화에서 얼마나 유용하게 작용하는지를 잘 알 수 있다. 리오넬 벨랑제는 이를 세 가지 관점에서 말하는데 첫째는 업무의 적합성을 높일 때,

둘째는 말의 영향력을 높일 때, 셋째는 전문성을 높이기 위할 때이다. 업무의 적합성을 높이는 방법으로는 회의 시간에 간결하고 핵심적으로 말하고, 대화할 때 상대방이 지루해하지 않도록 짧게 핵심을 찔러 말하고, 전문성이 필요할 때에는 그것에 맞게 간결하고 핵심을 짚어 전달해야 한다.

핵심을 짚는 말은 때에 따라 적절한 비유를 사용하는 것도 매우 효과적이다. 특히, 상대방의 의표를 찔러 말하는 촌철살인寸鐵殺人의 화법은 간결하고 핵심적인 화법의 표본이다.

중국 남송 시대의 학자 나대경이 손님들과 주고받는 내용을 엮은 책인 《학림옥로鶴林玉露》에 종고선사가 선禪에 대해 말한 기록이 있다.

"한 수레의 무기를 가득 싣고 와서 하나를 놀려 마치면 또 다른 하나를 꺼내 가지고 와서 놀리는 것 같지만 이것이 사람을 죽이는 수단은 아니다. 나는 단지 손가락 마디만 한 쇳조각이 있어도 사람을 죽일 수 있다."

사람을 죽이기 위해서는 한 수레의 무기가 필요치 않다. 손가락 마디 정도의 쇳조각만으로도 충분하다는 뜻이다.

여기서 말한 '살인殺人'이란, 무기로 사람을 죽이는 것이 아니라 마음속의 속된 생각을 없애는 것을 의미한다. 이 이야기에서 유래한 말이 촌철살인이다. 그러니까 '촌철寸鐵'이란 한 치도 안 되는 무기로 사람을 죽인다는 뜻으로, 누군가를 설득할 때 장황하게 말을 늘어놓기보다는 상대의 의중을 충분히 파악한 다음 시의적절하게 한 두 마디로 상대의 의표를 찔러 당황하게 만들거나 감동하게 하는 비유하여 일컫는 말이다.

촌철살인의 화법은 고도화된 대화법이라고 할 수 있다. 선천적으로 타고난 사람은 이를 잘 적용한다. 그러나 그렇지 않은 사람은 이를 적절하게 적용하기 위해 꾸준한 연습이 필요하다. 사람이 연습해서 못할 일은 없다. 간결하게 핵심을 짚어 말하는 '핵심 화법'은 복잡다단한 현대사회에서 자신의 역량을 펼치기에 가장 적합한 화법이라고 할 수 있다.

윈스턴 처칠의 유머와
간결한 핵심 대화법

영국 총리를 두 번이나 역임한 명연설가이자 영국의 대정치가이며, 회고록 《제2차 세계대전The Second World War》을 써서 노벨 문학상을 받은 윈스턴 처칠Winston Churchill은 영국 명문 귀족인 말버러가의 후손이다.

하지만 처칠은 대개의 귀족 자녀들과는 달리 공부를 잘하지 못했다. 그는 해로우 공립학교에 꼴등으로 들어갔고, 성적이 좋지 않아 부모의 바람과는 달리 대학진학을 하지 못했다. 그가 고민 끝에 선택한 학교가 샌드허스트 육군사관학교였다. 그는 육군사관학교도 두 번이나 떨어지고 세 번째 도전에서 겨우 합격할 수 있었다.

그러나 처칠의 내면 깊숙이에는 그 누구보다도 강한 불굴의 의지와 신념이 숨어 있었다. 그는 자신이 무엇을 해야 자기 자신과 부모님과 민족과 조국 앞에 부끄럽지 않은 사람이 될 수 있을까 진지하게 생각하곤 했다. 그런 생각으로 그의 가슴은 늘 뜨겁게 불타올랐다.

처칠은 개성이 넘쳤다. 그에게는 상대방이 자신에게 끌려오게 하는 진지한 설득력과 강한 리더십이 있었다. 그리고 사람들의 마음을 읽고 그 사람 처지에서 생각하며 배려할 줄 아는 포용력과 너그러운 성품을 가지고 있었다. 그는 공부를 못했던 대신 공부로써는 도저히 흉내 낼 수 없는, 공부 외적인 조건을 두루 갖춘 잠재적 성공적인 인생이었던 것이다.

처칠은 자신에게 숨겨진 성공적인 요건들을 위해 많은 노력을 기울였다. 육군사관학교 졸업 후 기병 소위로 임관하여 보어 전쟁에 참여했다 포로로 잡혔지만 탈출하였으며, 제1차 세계대전 당시 해군 장관으로 활동했다. 하지만 작전에 실패하여 문책을 당해 장관직을 사퇴하였다. 그 후 중령으로 복귀해 전쟁에 참전하여 복지를 개선하고 장병들의 사기를 높이는 등 자신의 능력을 유감없이 발휘하였다.

제1차 세계대전 후 보수당 의원으로 활동하다 자유당으로 당적을 옮겼지만, 다시 보수당에 입당하여 보수당 정치인들의 비난을 사기도 했다.

하지만 처칠은 개의치 않고 자신의 신념대로 적극 정치활동을 하였다. 그는 나치가 영국을 공습할 것을 염려해 공군력을 강화해야 한다고 주장하였으나 반대에 부딪혀 뜻을 이루지 못했다. 그러나 나치가 처칠의 말대로 영국을 공격하자 그의 견해를 중시하게 되었고, 해군장관에 임명된 처칠은 영국을 지켜내고 연합국의 승리를 이끌었다. 조지 6세의 승인으로 총리가 된 그는 미국의 루스벨트 대통령을 비롯한 서방국가 지도자들과 활발하게 교류하며 세계적인 정치가로 우뚝 섰다.

영국을 강한 나라로 발전시키는 데 공을 세운 처칠은 총리직 은퇴 후 미국 웨스트민스터 대학교에서 명예 법학박사 학위를 받으며 한 연설에서 그 유명한 '철의 장막'이란 말로 유럽의 단결을 호소하였다. 1951년 보수당이 다시 정권을 잡고 그는 총리로 재임명 되었다.

처칠의 강한 리더십과 뛰어난 능력은 그를 제2차 세계대전 당시 연합국의 대표적인 지도자가 되게 했고, 그는 그 누구도 흉내 낼 수 없는 멋진 활약을 펼쳐 보이며 전 세계에 자신의 이름을 뚜렷이 각인시켰다.

처칠이 세계적인 정치가로 이름을 남길 수 있었던 것은 그의 뛰어난 대화법에 그 원인이 있다. 이를 세 가지 관점에서 살펴보기로 하겠다.

첫째, 위트와 유머로 사람들을 사로잡았다.

유머humor의 사전적 의미는 '익살스럽게 웃음을 자아내는 표현이나 요소'이다. 그러니까 말을 함에 있어 상대방이나 주변 사람들 혹은 청중의 마음을 즐겁게 해주는 행위를 말한다. 마음이 즐거우면 더욱 집중해서 말하는 이의 얘기에 귀를 기울이게 된다. 유머는 처음 본 사람도 경계심을 풀게 하여 상대방의 말에 집중하게 하고, 딱딱한 분위기를 한순간에 부드럽고 화기애애하게 만들고, 어려운 문제를 해결하는 데도 매우 중요한 역할을 한다.

이렇듯 유머는 대화의 기능을 역동적으로 이끄는 화법의 주요 요소이다. 처칠은 뛰어난 유머로 영국 국민은 물론 정적政敵과 자신이 만났던 세계적인 정치인들을 사로잡았다. 그의 뛰어난 유머를 몇 가지 보기로 하자.

제2차 세계대전이 발발하고 나서 얼마 안 돼 미국의 프랭클린 루스벨트 대통령과 회담하기 위해 미국으로 갔다. 숙소에 머물던 그는 샤워를 한 후 허리에 수건을 두르고 있었는데 갑자기 루스벨트 대통령이 찾아왔다.

그때 공교롭게도 허리를 감고 있던 수건이 풀리며 흘러내렸다. 그 모습에 놀란 루스벨트는 "오우, 맙소사!"라고 말하며 어색한 표정을 지었다. 그의 모습을 보고 처칠은 아무렇지도 않게 양팔을 벌리며 "보시다시피 영국은 미국과 미국 대통령에게 아무것도 감출 게 없습니다."라고 말했다. 그러자 루스벨트는 어색한 표정을 지우고 빙그레 웃었다.

처칠이 처음 하원의원 후보로 출마했을 때 그의 상대 후보는 "처칠은 늦잠꾸러기라고 합니다. 저렇게 게으른 사람을 의회에 보내서는 안 된다고 생각합니다."라며 인신공격을 퍼부었다.

그러자 처칠은 그를 한 번 쳐다보고는 익살스럽게 웃으며 "여러분도 나처럼 예쁜 아내를 데리고 산다면 아침에 결코 일찍 일어나지 못할 겁니다."라고 말하자 연설장은 웃음바다가 되었다. 그 바람에 상대 후보는 코가 납작해지고 말았다.

어느 날 처칠이 대기업 국유화를 놓고 정적과 치열한 설전을 벌이던 중 화장실에 들렀다. 의원들로 북적이는 화장실에는 빈자리가 딱 하나 있었는데, 그것은 국유화를 강력하게 주장하는 노동당 당수인 애틀리 옆자리였다. 하지만 처칠은 다른 자리가 날 때까지 기다렸다. 이를 본 애틀리가 말했다.

"제 옆에 자리가 있는데, 왜 거길 안 쓰는 겁니까? 혹시 저한테 불쾌한 일이라도 있습니까?"

"천만에요. 공연히 겁이 나서 그럽니다. 당신은 뭐든 큰 것만 보면 국유화하자고 주장하는데, 혹시 제 것을 보고 국유화하자고 달려들면 큰일이 아닙니까?"

처칠의 재치 있는 유머에 머쓱해진 애틀리와 달리 그는 껄껄대며 웃었고 주변에 있던 의원들은 박장대소했다.

이상은 처칠이 정적들과 설전을 벌일 때 보여주었던 유머이다. 다음은 일상에서의 유머를 보기로 하자.

미국을 방문한 처칠에게 한 여성이 질문했다.

"연설할 때마다 사람들이 구름떼처럼 모여드니 기분이 정말 좋으시겠어요."

그러자 처칠이 찡긋해 보이며 말했다.

"물론 기분이 좋지요. 하지만 내가 이런 정치연설을 하는 것이 아니라 교수형을 당하는 것이라면 지금보다는 최소한 2배 이상은 사람들이 몰려들 거란 사실을 늘 기억하고 있답니다."

처칠의 말에 그 여성을 비롯한 주변 사람들이 깔깔대며 웃었다.

또 한 번은 이런 일이 있었다. 제2차 세계대전 당시 전 세계인의 협력을 도모하는 연설을 하기 위해 방송국으로 가야 했다. 그는 택시를 잡고 말했다.

"BBC 방송국으로 갑시다."

그러자 택시기사가 머리를 긁적이며 말했다.

"저 손님, 죄송합니다만 그렇게 까지는 멀리 갈 수 없습니다. 한 시간 후에 처칠 경의 연설을 들어야 하거든요."

처칠은 기사의 말에 흐뭇한 표정을 지으며 1파운드짜리 지폐를 꺼내 그에게 건네주었다. 그러자 기사는 처칠을 향해 눈을 찡긋거리며 말했다.

"손님, 타세요. 처칠이고 뭐고 우선 돈부터 벌고 봐야겠습니다."

"그래요? 까짓것, 그럽시다."

처칠은 이렇게 말하며 빙그레 웃었다.

한 나라의 총리가 이렇듯 평범한 시민들과의 사소한 대화에도 기분 좋게 유머를 날린다는 것은 그가 얼마나 사람들과의 대화에 막힘이 없는지를 잘 알게 한다.

처칠은 어려운 정치적 상황에서도 유머를 잃지 않음으로써 난관을 뚫고 정치적 역량을 맘껏 드러내며 성공적인 결과를 이끌어냈다. 또한 시민들과도 막힘 없는 소통을 통해 믿음과 신뢰를 심어주었다.

둘째, 짧고 간결한 말로 핵심을 전달하였다.

대화함에 있어 장황한 말은 핵심을 모호하게 하고, 듣는 사람들을 지루하게 만든다. 그러다 보면 실속 없는 대화로 끝나버리게 된다.

하지만 짧고 간결한 대화는 대화의 요지를 분명하게 하여 듣는 사람들로 하여금 쉽게 이해하게 한다. 이를 '핵심 대화법'이라고 하는데 처칠은 대화할 때나 대중에게 연설할 때 짧고 간결한 화법을 사용함으로써 사람들에게 말 잘하는 정치인, 연설 잘하는 세계적인 명연설가란 칭함을 받았다. 이에 관한 이야기이다.

처칠이 세계의 명문 옥스퍼드 대학에서 졸업 축사를 하게 되었다. 그가 단상에 등장하자 졸업식장이 떠나갈 듯 함성으로 뒤덮였고 졸업생들은 그가 무슨 말을 할지 눈을 반짝이며 귀를 곤두세웠다.

처칠은 잠시 졸업생들을 바라보더니 다음과 같이 말했다.

"여러분, 포기하지 마십시오!"

작은 소리로 이렇게 말하고 나서 이번엔 큰 소리로 말했다.

"여러분, 절대 포기하지 마십시오!"

처칠은 이 말을 한 채 단상을 내려왔다. 졸업생들과 그곳에 모인 사람들은 멋진 말을 기대했지만, 그는 이 말만 했던 것이다. 이 말엔 많은 의미가 함축되어있다.

사회에 진출하면 직장이다 결혼이다 해서 본격적인 인생살이를 하게 된다. 그렇게 인생을 살다 보면 뜻하지 않은 많은 어려움을 겪게 된다. 그것을 일일이 열거해서 말하는 것보다. 짧고 함축적으로 표현하는 것이 더 낫겠다는 생각에서였다.

이 짧은 연설은 처칠의 주특기이자 명연설로 꼽힌다.

제2차 세계대전 때 처칠은 독일이 소련을 침공할 것을 예견했다. 과연 그의 말대로 독일은 소련을 침공했고 이 때 처칠은 모교인 해로우 스쿨에서 연설했다.

"절망적인 시절이라고 하지 마세요. 가혹한 시절이라고 합시다. 지금은 절망적인 시절이 아닙니다. 지금은 위대한 시절입니다. 우리나라가 탄생한 후 가장 위대한 시절입니다. 그리고 우리는 모두 각자의 위치에서 역사상 가장 기억에 남을 이 시절을 만들어 가는 데 참여할 수 있게 해준 하나님께 감사해야 합니다."

이 짧은 연설에는 긍정과 희망의 에너지가 넘친다. 이 연설을 들은 학생들과 사람들은 절망을 이겨내는 가장 좋은 방법이 긍정적인 생각과 행동이라는 것을 알 수 있었기 때문이다.

"나는 피, 수고, 눈물, 그리고 땀밖에 드릴 것이 없습니다. 우리는 가장 심각한 시련을 앞두고 있습니다. 우리는 길고 긴 투쟁과 고통의 세월을 앞두고 있습니다. 여러분에게 묻습니다. 당신의 정책은 무엇입니까? 나는 말합니다. 육상에서, 바다에서, 하늘에서 전쟁을 수행하는 것이라고. 하나님께서 주신 우리의 모든 힘과 능력을 총동원하여, 어둡고 개탄스러운 인간의 범죄목록에서도 유례가 없는 저 괴물과 같은 전제자를 상대로 전쟁을 수행하는 것, 이것이 우리의 정책입니다. 여러분들은 질문할 것입니다. 우리의 목표는 무엇입니까? 나는 한마디로 답할 수 있습니다. 그것은 승리입니다. 승리, 어떤 대가를 지불하더라도 어떤 폭력을 무릅쓰고라도 승리, 거기에 이르는 길이 아무리 길고 험해도 승리, 승리 없이는 생존도 없기 때문에 오직 승리뿐입니다. 그것을 기필코 실현합시다."

이는 1940년 5월 13일 처칠이 독일의 유화론자였던 챔버레인 총리가 물러나고 새로운 총리로 지명된 후 의회에서 한 연설문의 일부로 그의 강한 신념이 잘 나타나 있다. 여기서 처칠의 짧고 간결한 핵심 대화법은 의원들은 물론 국민에게 승리의 강한 확신을 심어주기에 충분했다.

이처럼 처칠은 대화나 연설에서 짧고 간결한 핵심 대화법을 즐겨 사용했다. 이는 처칠만의 트레이드마크인 시가처럼 또 다른 그의 트레이드마크라고 할 수 있다.

셋째, 강한 신념으로 사람들을 사로잡았다.

처칠의 어머니 제니 제롬의 아버지 즉, 외할아버지 레너드 제롬은 프랑스에서 미국으로 이주한 유대인의 후손이다. 유대의 율법은 모계 혈통으로 유대인을 기리는데 처칠의 어머니는 유대인이었다. 유대인은 선민사상選民思想으로 무장한 민족이다. 선민사상Elitism이란 '한 사회에서 소수의 잘사는 사람들이 그렇지 못한 사람들에 대해 가지는 우월감'을 말하는데, 유대인들에게 선민사상이란 '하나님으로부터 선택받은 민족'이란 뜻이다. 선민사상으로 무장한 유대인은 그 어떤 위협으로부터도 두려움이 없었다. 하나님이 자신들을 지켜줄 거라는 강한 확신이 그들의 의식 세계를 지배하고 있었던 것이다.

이천 년 전 그러니까 A.D 70년 유대왕국이 로마에 패망함으로써 유대인들은 전 세계에 흩어져 살게 되었다. 그들은 살기 위해서 더욱 강해져야 했고, 신념과 의지로 똘똘 뭉쳤다. 좋은 직장을 가질 수 없었던 그들은 살기 위해서라면 궂은일도 서슴지 않았고, 돈을 빌려주고 이자 받는 일은 타의 추종을 불허할 정도였다. 그만큼 이재에 밝았던 것이다. 처칠의 외할아버지 역시 금융업으로 부를 축적했고, 그 부를 이용해 자신의 딸을 영국의 귀족인 말버러가의 후손인 처칠 아버지와 혼인하게 함으로써 귀족의 반열에 올랐다. 처칠의 몸속엔 유대인의 뜨거운 피가 흐르고 있었으며, 그 뜨거운 피는 그를 신념과 의지로 뭉치게 했다.

"나는 피, 수고, 눈물, 그리고 땀밖에 드릴 것이 없습니다."
"우리의 목표는 무엇입니까? 나는 한마디로 답할 수 있습니다. 그것은 승리입니다. 승리, 어떤 대가를 지불하더라도 어떤 폭력을 무릅쓰고라도 승리, 거기에 이르는 길이 아무리 길고 험해도 승리, 승리 없이는 생존도 없기 때문에 오직 승리뿐입니다.”

앞의 두 문장은 처칠이 총리에 임명된 후 의회에서 한 연설 중 일부로 그의 강한 신념과 의지를 잘 알게 한다.

처칠은 대중 연설뿐만 아니라 정적과의 대화는 물론 일반 국민과의 대화에서도 유머와 짧고 간결한 핵심 대화법으로 자신의 신념과 의지를 유감없이 발휘하였다. 그의 유머와 간결한 핵심 대화법은 촌철살인의 백미白眉였다. 이에 관한 이야기이다.

영국 의회 사상 첫 여성의원인 에스터는 처칠에게 매우 적대적이었다. 어느 날 그녀는 처칠을 향해 이렇게 말했다.

“내가 만약 당신의 아내라면 서슴지 않고 당신이 마실 커피에 독을 타겠어요.”

그러자 처칠은 빙그레 웃으며 태연하게 말했다.

“내가 만약 당신의 남편이라면 서슴지 않고 그 커피를 마실 겁니다.”

그러자 여기저기서 웃음이 터져 나왔다.

“우린 절대 굴복하지 않습니다. 승리가 없으면 생존도 없기 때문입니다.”

이는 처칠이 총리로서 영국이 제2차 세계대전을 승리로 이끌 수 있다는 강한 확신을 국민에게 심어준 말이다. 이 말처럼 그는 전쟁에서 승리함으로써 영국을 지켜냈고, 세계적인 정치가로 우뚝 섰다.

처칠은 누구 앞에서도 결코 두려워하지 않았다. 강한 신념과 의지로 자신의 정치철학을 실천으로 옮겼으며, 유머와 해학으로 정적은 물론 국민을 사로잡았다. 영국 국민은 신념으로 가득 찬 그의 말 한마디 한마디에 열광하였고, 그에게 아낌없는 성원을 보내주었다.

윈스턴 처칠의
유머와 간결한 핵심 대화법 적용하기

처칠의 유머와 간결한 핵심 대화법은 사람들과 대화하고 소통하는데 있어 매우 효과적이다. 대화함에 있어 유머의 중요성은 아무리 강조해도 부족함이 없다. 혈관을 통해 피가 잘 순환되어야 건강한 몸이 보전되어 자기 일을 힘 있게 잘 해낼 수 있듯, 유머는 대화와 소통의 분위기를 리드미컬하게 이끌어 준다. 그렇게 함으로써 사람들과 좋은 관계를 이루게 되고 원하는 바를 얻을 수 있다.

또한 간결한 핵심 대화법은 말이 사람들의 귀에 쏙쏙 들어가게 하는 데 아주 긴요하게 작용한다. 처칠은 이 두 가지를 뛰어나게 잘함으로써 국민에게 신뢰를 주고 믿음을 얻었으며, 세계적인 정치가들 사이에서도 리더가 될 수 있었다.

처칠의 유머와 간결한 핵심 대화법을 내 것으로 만들기 위한 세 가지를 적용해 보도록 하자.

첫째, 유머를 익혀 일상 생활화하라.

유대인을 '웃음의 민족'이라고 한다. 유대인은 누구나 할 것 없이 '유머Humor'와 '조크Joke'를 즐겨 사용한다. 유머란 '익살스럽게 웃음을 자아내는 표현이나 요소'를 말하고, 조크는 '남을 웃기려고 하는 말이나 이야기, 장난을 일컫는 말'을 말한다. 유머나 조크는 웃음을 자아내게 하는 행위를 말한다. 그런 관점에서 둘은 같다고 할 수 있다.

특히, 조크를 히브리어로 '호프마'라고 한다. 호프마는 지혜나 예지를 의미하는 것으로 유대인은 유머나 조크를 지혜를 기르는 행위로 보는 것이다. 그러니까, 유머나 조크를 통해 웃음을 짓게 하고 그로 인해 서로 간에 지혜를 터득하는 '창조적 행위'라고 할 수 있다.

이를 증명하듯 유대인은 어렸을 때부터 부모에게 여러 가지 수수께끼와 조크를 들으며 자라는데, 이는 지혜를 익히는 수단인 동시에 융통성 있고 친교적인 사람으로 자라게 하기 위함이다. 그런 이유로 조크를 '지성의 숫돌'이라고 한다. 숫돌이 무딘 칼이나 낫을 갈아 매끄럽게 하듯, 조크는 지혜를 길러 상상력을 키우고 창의적인 인물이 되게 하는 수단인 것이다.

처칠 또한 유대인으로서 특히 어머니로부터 유대인식 교육을 받았다는 것은 두말할 나위가 없다. 유대인은 누구나 부모가 되면 부모가 자신에게 했듯 자녀들에게 똑같이 유대인식 교육을 시키기 때문이다. 유머와 조크를 잘하는 것도 선천적인 성격에 기인하지만, 교육에 의해 더욱 그 빛을 발하게 된다.

유머의 가장 큰 특징은 '촌철살인'에 있다. 웃음을 통해 상대에게 자신의 생각을 보여줌으로써 자기 생각과 신념을 전달하는 것이다. 앞에서 보았듯이 처칠이 촌철살인의 유머로 유명하다는 것은 널리 알려진 일이다.

다음은 촌철살인 유머의 가치를 잘 알게 하는 이야기이다.

세계적인 정치가이자 성공한 대통령으로서 2선(40대. 41대)을 역임한 미국의 로널드 레이건Ronald Reagan. 그는 안정적인 경제력을 바탕으로 강한 미국을 표방하여 미국 국민으로부터 존경을 한 몸에 받은 행복한 대통령이었다.

레이건은 영화배우 출신답게 잘생긴 외모에 환한 미소, 그리고 빼어난 유머 감각으로 참모를 비롯한 주변 사람들을 사로잡았다. 레이건이 어느 모임에서 있었던 일이다. 어떤 사람이 레이건에게 물었다.

"당신은 배우 출신인데도 대통령직을 잘 수행하는군요."

그러자 레이건은 미소를 머금고 이렇게 말했다. "그거야 당연한 일

아닙니까. 배우이기 때문에 잘 할 수밖에 없지요."

순간 장내는 박수와 함께 폭소가 터져 나왔다.

전직 배우인데도 대통령직을 잘 수행한다고 말한 이의 삐뚤어진 생각을 유머로 멋지게 한 방 날린 것이다.

생각해보라. 그 어떤 직업을 가졌다 하더라도 능력만 있으면 대통령 아니라 그보다 더한 것도 할 수 있지 않은가. 겉모습만 보고 그 사람의 능력을 평가해서는 안 된다는 의미가 담긴 레이건의 촌철살인 유머는 그래서 더 공감하게 한다.

20세기 최고의 물리학자인 알베르트 아인슈타인, 탁월한 정신분석학자인 지그문트 프로이트, 공산주의 창시자 카를 마르크스 등 역시 뛰어난 유머로 사람들을 사로잡았다.

유머는 지혜를 기르게 하고, 삶을 여유 있게 하며, 사람들과의 소통을 자연스럽게 이어준다. 이에 대해 유대인의 지혜서인 《탈무드》는 이렇게 말한다.

"울어도 눈물이 나고 웃어도 눈물이 난다. 그러나 웃어서 나오는 눈물로 눈이 발개지는 법은 없다."

그렇다. 유머와 조크는 마음과 눈을 밝게 하는 생산적인 행위인 것이다.

유머를 기르는 다섯 가지 방법

01_ 유머와 조크는 천성적으로 타고 나야 하지만 같은 말도 재밌게 하도록 연습하라. 스피치를 기르듯 유머와 조크 또한 연습으로 얼마든지 감각을 기를 수 있다.

02_ 말을 재밌게 하는 사람을 유심히 관찰하여 그가 하는 대로 따라서 하라. 말을 재밌게 하는 사람은 가장 좋은 유머 교과서이다.

03_ 재미있는 이야기를 수집하고 머릿속에 저장하여 상황에 맞게 활용하라. 처음엔 어색하고 어정쩡해도 자꾸 하다 보면 능숙하게 구사하게 된다.

04_ 자신이 말하고자 하는 논점을 반어적으로 표현하면 상대나 청중이 웃음을 자아내게 한다. 반어적인 표현을 재미있게 구사할 수 있도록 연습하라.

05_ 유머는 마음에 여유가 있을 때 나온다. 여유는 사람을 너그럽게 하고 관대하게 한다. 마음을 여유롭게 가지도록 노력하라.

"웃음은 대나무와 같은 탄력성을 유대인에게 주어왔다. 아무리 금방 부러질 것 같이 되었다가도 언제나 탁 튕겨내는 탄력성을 주었던 것이다. 유대인은 언제나 웃음에 의해서 용기를 되찾았다. 웃는 여유가 있는 사람은 결코 좌절하지 않는 법이다. 웃음이 용기를 주고, 용기에서 웃음이 태어나기 때문이다."

이는 랍비 마빈 토케이어가 한 말로 유머와 조크가 힘들고 어려울 때 용기와 힘을 준다는 것을 알 수 있다. 이를 보더라도 유머의 효용성의 가치는 매우 크다. 유머를 기르는 다섯 가지 방법을 반복적으로 꾸준히 연습하라. 그러다 보면 입에 배고 몸에 배게 된다. 유머는 단순히 웃음만을 위한 것이 아니라, 지혜와 용기를 주고, 소통을 자연스럽게 함으로써 삶의 탄력을 주는 '인생의 윤활유'인 것이다.

둘째, 짧고 간결한 말로 핵심을 전달하라.

말을 필요 이상으로 길게 하는 사람들이 있다. 일단 말이 길면 귀에 잘 들어오지 않는다. 길다는 이유로 귀담아듣지 않기 때문이며, 듣다 보면 말의 핵심이 흐려진다. 이런 말은 낭비이며 별로 설득력이 없다. 그러나 짧은 말은 그렇지 않다. 특히, 핵심 포인트가 담긴 말은 더더욱 귀에 잘 들어온다. 사람들이 길게 말하는 것을 싫어하는 것은 지루하게 함으로써 정신을 분산시키기 때문이다. 또한 자기의 시간을 빼앗긴다고 여기는 까닭이다. 현대는 시간이 돈이라는 말이 있듯, 자신의 시간이 누군가에 의해 낭비된다는 것은 불쾌하고 불편한 일이 아닐 수 없다.

사람들에게 자기 생각을 효과적으로 전달하기 위해서는 짧고 간결하게 말하는 습관을 들여야 한다.

세계적으로 유명한 연설 중 에이브러햄 링컨의 '게티즈버그 연설'은 명연설 중에서도 명연설로 정평이 나 있다.

"국민의, 국민에 의한, 국민을 위한 정치!"

이는 민주주의의 정의를 단 열다섯 글자로 나타냈다. 이 말은 민주주의의 본질은 국민이 근본이 되어야 하고, 국민이 중심이 되어야 하며, 국민을 위한 것이 되어야 함을 의미한다.

만일 이를 길고 장황하게 표현했다면 오래도록 깊은 감흥을 주지 못했을 것이다. 그것을 기억한다고 해도 잊고 말 것이기 때문이다. 하지만 이 말은 오래도록 기억에 남고 잊히지 않는다. 간결하고 명료하기 때문이다.

"나에게 자유를 달라. 그렇지 않으면 죽음을 달라."

이는 미국 독립전쟁을 승리로 이끈 패트릭 헨리가 한 말이다. 이 말엔 자유에 대한 간절한 염원이 잘 나타나 있다. 이 말 또한 오래도록 사람들의 가슴에 남아있다.

이 두 가지 예에서 보듯 간결하고 명료한 말은 핵심을 정확히 짚어주기 때문에 마음의 울림이 클 뿐만 아니라 잊히지 않는 것이다. 앞에서 말했듯 처칠의 명연설이 울림이 깊고 큰 것은 간결하고 명료하기 때문이다. 명료하다는 것은 핵심이 분명하게 전달되기 때문이다.

간결하고 핵심적인 처칠의 화법은 연설은 물론 사람들과의 대화에서도 예외 없이 적용되었다. 특이한 것은 촌철살인의 유머가 주를 이뤘다. 그는 늘 유머를 달고 살았다. 마치 그의 입은 유머를 하기 위해 존재하는 것 같을 정도였다. 처칠과 대화를 하는 사람들이 즐거워하면서도 그의 말에 감동한 것은 간결한 유머 속에 분명한 말의 핵심이 들어있었기 때문이다.

"나는 짧은 말과 쉬운 어구를 즐겨 사용한다."

이는 처칠이 그의 말의 스타일에 관해 묻는 기자나 사람들에게 늘 하던 말이다. 이 말에서 보듯 처칠은 자신의 생각을 상대방이나 청중에게 확실하게 전달하기 위해 의도적으로 짧고 간결하게 말했다. 그의 생각대로 그가 하는 말은 상대방이나 청중에게 백 퍼센트 이상으로 효용성을 나타냄으로써 성공을 거둘 수 있었다.

짧고 간결한 말로 핵심을 전달하기 위해서는 어떻게 해야 할까.

짧고 간결한 말로 핵심을 전달하는 법

01_ 사전에 무슨 내용을 말할 것인지에 대해 생각하고, 그에 맞는 말을 구성하여 연습하라. 이처럼 꾸준히 반복하다 보면 자연히 입에 배게 된다.

02_ 간결하고 정확하게 말하는 연습을 하라. 말은 자신의 생각을

전달하는 수단이므로 간결하면서도 정확하게 말하는 것이 효율성을 높인다.

03_ 말의 중심내용을 비유를 들어 말하는 것도 핵심을 전달하는데 매우 효과적이다. 비유는 설명하지 않아도 말의 핵심을 정확히 짚어주기 때문이다.

04_ 표현력을 길러 말의 낭비를 줄이는 습관을 들여라. 말의 낭비를 줄이는 것만으로도 핵심을 전달하는 데 매우 효과적이다.

05_ 짧은 명문장을 보고 따라서 자신이 할 말을 문장으로 작성하고 읽는 연습을 하라. 짧은 문장은 간결한 말의 습관을 들이는데 매우 능률적이다.

모든 명문이 대개 짧고 간결하듯, 명언 또한 짧고 간결하다. 이는 무엇을 말하는가. 길고 장황한 말보다는 함축성 있는 짧고 간결한 말이 더 효과적이라는 것을 의미한다. 말의 낭비를 줄이고 짧고 간결한 말로 핵심을 전달하는 것, 이것이야말로 말을 잘하는 사람이 갖춰야 할 화법인 것이다.

셋째, 한마디 말에도 신념을 보여주어라.

말하는 것을 보면 그 사람의 '사상과 철학'을 알 수 있다. 말은 곧 그 사람이기 때문이다.

같은 말도 어떻게 하느냐에 따라 듣는 사람들은 말하는 이에 관한 생각을 달리한다. 즉, 말에 힘이 있고 의지와 신념이 강하게 나타나면 그 사람에 대해 좀 더 관심을 두게 된다. 그런 사람과 함께 한다면 자신에게도 긍정적인 결과를 얻게 될 거라는 확신이 서기 때문이다. 하지만 말에 힘이 없고 확신을 심어주지 못하면 듣는 사람들은 말하는 이에 대해 믿음이 가지 않는다. 그런 사람과 함께 하게 되면 자신에게 부정적인 결과가 생길 거라는 생각이 들기 때문이다.

자신의 신념을 담아서 하는 말은 살아 숨을 쉰다. 그 말은 상대방의 마음을 움직여 자신이 의도하는 것을 성사시키는데 효율성이 높은 까닭이다. 신념의 필요성과 중요성에 대해 자기 계발 동기부여가인 나폴레온 힐Napoleon Hill은 다음과 같이 말했다.

"무엇인가 되고 싶다면 신념을 갖는 일이 그 첫걸음이다. 신념을 갖자. 반드시 이루겠다는 신념을 갖자. 신념은 나의 사고에 생명을 주고 힘을 준다. 신념은 과학으로도 풀 수 없는 기적을 부른다. 신념은 나를 절망에서 끌어내 주는 마법의 약이다. 신념은 나의 고정관념을 파괴하는 다이너마이트이다. 나는 이제 신념을 가졌다. 그러므로 무서운 것은 아무것도 없다. 우주의 모든 것은 내 편이다."

나폴레온 힐의 말에서 보듯 신념은 절망을 희망으로 이끄는 마법의 약이며, 우주의 모든 것을 내 편으로 만드는 긍정의 힘이다.

처칠은 주관과 신념이 뚜렷하고 철저한 결단력의 소유자로 정평이 난 세계적인 지도자였다. 그의 신념을 잘 알게 하는 이야기이다.

제2차 세계대전 당시 영국과 프랑스 연합군은 독일군에게 밀려 덩케르크 해안 도시까지 추격을 당했다. 뒤에는 도버해협이 가로막고 있어 진퇴양난이었다. 히틀러는 영국과 프랑스 연합군이 항복하기를 바랐고 영국의 전시내각과 의회는 평화협정을 맺기를 바랐다. 승산이 없다고 믿었던 것이다.

그러나 처칠의 생각은 달랐다. 그는 굳은 의지와 신념으로 극복할 수 있다고 믿었다. 그는 결심을 굳힌 끝에 결사 항전을 선택했다. 승산이 없는 싸움이었지만, 그의 결심은 확고했다. 그는 "영국의 물에 뜨는 모든 배는 구출 작전에 참여해 덩케르크로 가서 함께 해주십시오."라고 호소하였다. 신념으로 가득 찬 그의 모습에 수많은 민간 어선과 배들이 구출 작전에 참여하였다. 그리고 결과는 대성공이었다. 이를 '다이너모 작전'이라고 한다. 그로 인해 처칠의 연합군은 독일군을 물리치고 승리하였다.

"우리는 결코 굴복하지 않을 것입니다. 우리는 해변에서 싸울 것입니다. 육지에 올라가서 싸울 겁니다. 들판과 거리에서 싸울 것입니다. 우리는 절대 항복하지 않을 것입니다."

이는 처칠이 한 말로 그의 강인한 신념과 의지를 잘 알 수 있다.

"성공도 실패도 영원하지 않습니다."

이 또한 처칠이 한 말로 성공과 실패에 대한 그의 신념을 알 수 있다.

처칠은 개인 간의 대화든 정적과의 대화든 또는 대중을 향한 연설이든 확고한 신념을 담아 말했다. 그의 말은 메가톤급 위력을 지님으로써 그가 행했던 일을 성공으로 끌어냈던 것이다. 신념이 넘치는 대화를 하기 위해서는 '신념을 습관화하는 마음 자세'가 필요하다.

신념을 습관화하는 마음 자세

01_ 신념을 갖기 위해서는 자신 스스로 정직해야 한다. 자신에 대해 스스로 한 약속을 반드시 지키는 자세가 필요하다.

02_ 신념엔 반드시 실천적 의지가 뒤따라야 한다. 자신이 무언가를 하겠다고 결심했다면 무슨 일이 있어도 절대 포기하지 말고 꾸준히 밀고 나가라.

03_ 신념 앞에 그 어떤 불신도 품지 마라. 흔들림 없는 신념 앞에 경거망동하지 마라. 자신을 믿지 못하면 신념을 기를 수 없다.

04_ 신념은 곧 자신에 대한 믿음이다. 자신을 사랑하고 자신을 존중하는 마음을 가져라. 그리하면 자신을 중요하게 생각하게 되므로 신념을 기르는 일에 최선을 다하게 된다.

05_ 신념을 기르기 위해 마음을 다스리는 책을 읽고 그대로 따라서

해보기도 하고, 자신의 연약한 마음을 다독이며 몸과 마음을 하나로 모으고 정진하는 데 온 힘을 기울여야 한다.

06_ 매사를 긍정적으로 생각하고 모든 것을 할 수 있다고 생각하라. 마음에서 이기면 실제에서도 이길 수 있다. 긍정적인 마음은 신념을 갖게 하는 씨앗이다.

"자기 자신을 믿어라. 자기의 재능을 인정하라. 그러나 자신의 능력에 겸손하고 확고한 신념이 없다면 성공할 수 없고 행복할 수 없다. 신념이야말로 가장 빛나는 성공의 원천이다."

이는 미국의 저술가이자 자기 계발 동기부여가인 노만 빈센트 필Norman Vincent Peale박사가 한 말로 신념은 모든 일에 있어 '성공의 원천'이라는 것을 알 수 있다.

상대방과의 대화에서 자신의 생각을 따르게 하고, 그로 인해 원하는 것을 얻기 위해서는 상대를 압도할 수 있는 강한 신념이 반드시 필요하다. 말 한마디 한마디에 유머를 담고 신념을 담아 말하는 짧고 간결한 핵심 대화법은 시간의 중요성이 그 어느 때보다 더 중요시되는 현대사회에서 반드시 필요한 대화법이다.

대머리에 뭉뚝한 코, 뚱뚱하고 작은 키, 입에 문 시가가 트레이드마크인 처칠. 그는 문학가가 아니면서도 《제2차 세계대전The Second

World War)을 써서 노벨문학상을 받은 유일한 세계적 정치인이다.

처칠은 2003년 영국 BBC 방송이 영국인을 대상으로 벌인 설문 조사에서 역사상 가장 위대한 영국인 100인 중에 '가장 위대한 영국인'으로 선정되었다. 이를 보더라도 그가 영국 역사에서 차지하는 비중이 얼마나 큰지 잘 알 수 있다. 한 마디로 불세출의 정치인이자 가장 성공한 인물 중 한 사람이다. 뛰어난 유머와 재치 있는 입담으로 사람들을 사로잡았던 처칠, 그는 절망도 희망으로 만드는 신념과 의지로 똘똘 뭉친 긍정의 정치인이자 명연설가이며 핵심 대화법의 귀재였다.

현대는 말을 잘하는 사람이 성공하는 시대이다. 뛰어난 대화로 만나는 사람 누구와도 '이기는 대화'를 하고 싶다면 처칠의 유머러스하며 짧고 간결한 핵심 대화법을 배워라. 처칠의 대화법을 몸에 익히는 순간 분명 뛰어난 대화의 명수가 될 것이다.

02

믿음과 신뢰를 주는
자기 확신 대화법

───

벤저민 디즈레일리
(Benjamin Disraeli 1804~1881)

제40대, 42대 영국 총리 역임 후 소설가로 활동했다. 주요작품으로는 《비비안 그레이》, 《헨리에타 사원》 외 다수가 있다.

───

대화할 때 상대방이 자신의 말을 믿고 받아들이게 하기 위해서는 자신을 믿게 할 수 있는 '대화적 장치'가 있어야 한다. 대화적 장치란 대화를 원활하게 하는 기법을 말하는데, 이는 그 방법에 따라 다양하게 분류할 수 있다. 유머가 뛰어나다거나, 짧고 간결하게 핵심을 전달한다거나, 배려심이 뛰어나다거나, 친밀함이 좋다거나, 자기 확신이 강하다거나 하는 것 등을 말한다.

　대화하는 데 있어 강한 자기 확신은 상대방에게 믿음과 신뢰를 심어주기에 매우 효율적인 대화적 장치이다. 자기 확신이 강하면 상대방은 그가 하는 말에 집중하게 되고 빠져들게 된다. 그리고는 "저 사람 말이 맞아. 당연히 그럴 수 있어."하고 믿게 된다.

　자기 확신이 강한 사람에겐 뚜렷한 특징이 있는데, 그것은 자신을 강한 사람이라고 생각하는 마인드이다. 이런 사람은 자신을 강하다고 여겨 매사에 자신감으로 가득 차 있다. 즉, 심리적으로 자신을 강하다고 믿는 것이다. 이를 심리학적으로 '자기개념'이라고 한다. 이에 대해 일본 고마자와 여자대학 인문학 교수인 도미타 다카시는 다음과 같이 말했다.

　"사람은 자기개념의 이미지대로 행동하는 경향이 있다. 그러므로 '나는 약한 인간이다'라는 네거티브한 자기개념을 품고 있는 사람은 행동도 네거티브해지기 쉽다. 반대로 포지티브한 자기개념을 가진 사람은 행동도 포지티브해진다. 따라서 어느 순간 '내겐 이 일을 해낼 뛰어난 능력이 있어.'라고 자기 자신에게 긍정적인 이미지를 품기 시작하면 행동도 적극적으로 변화해 간다. 반대로 '나는 정말 안 돼.'라는 부정적인 이미지를 계속 품고 있으면, 그 사람이 가진 본래 능력에서 멀어져 행동이나 생각 하나하나가 위축되어버릴 가능성이 있다."

도미타 다카시의 말에서 보듯 자기가 자신을 어떻게 생각하느냐에 따라 강한 자기 확신을 하게 되기도 하고 그렇지 않게 되기도 한다.

그렇다면 문제는 간단하다. 상대방이 자신의 말에 귀를 기울이고 받아들이게 하기 위해서는 강한 자기 확신 화법이 필요하다. 강한 자기 확신 화법은 상대방을 끌어들이는 힘이 대단하다. 자기 확신 화법이 강한 사람의 예를 든다면 윈스턴 처칠, 조지 워싱턴, 에이브러햄 링컨. 나폴레옹, 존 F. 케네디, 마틴 루터 킹, 마하트마 간디, 넬슨 만델라, 로널드 레이건, 버락 오바마 등을 꼽을 수 있다. 이들은 강한 자기 확신 화법으로 대중을 사로잡은 대화의 귀재이자 명연설가라는 공통점을 갖고 있다. 대중은 이들의 한마디 말에 열광했고, 자신의 정책을 성공적으로 펼칠 수 있었다.

강한 자기 확신 화법의 몇 가지 예를 보기로 하자.

"나는 그 문제가 반드시 해결되리라 확신합니다."

"우리는 모두 한 마음이 되어야 합니다. 그렇게 되면 우리는 그 어떤 불가능도 가능하게 할 수 있습니다. 내가 이렇게 말하는 것은 이는 내 믿음에 대한 강력한 확신이기 때문입니다."

"우리는 해 낼 수 있습니다. 우리가 안 될 거라는 생각을 마음속에서 버린다면 우리는 반드시 멋지게 해낼 것입니다."

예를 든 강한 자기 확신 화법을 보면 긍정의 에너지가 넘친다는 것을 알 수 있다. 이처럼 강한 자기 확신 화법은 상대방에게 강한 긍정력을 심어줌으로써 자신의 말을 믿고 신뢰하게 하는 데 매우 효과적이다.

자기 확신을 강화하기 위해서는 긍정력을 길러야 한다. 긍정의 중요성에 대해 미국의 아동작가인 매들린 렝글Madeleine L'Engle은 이렇게 말했다.

"우리의 삶은 우리에게 일어나는 일이 아니라 우리가 거기에 어떻게 반응하느냐에 따라 달라진다. 또 삶이 우리에게 주는 것이 아니라 우리가 삶에 갖는 태도에 따라 달라진다. 긍정적인 태도는 연쇄반응을 일으켜 긍정적인 생각과 긍정적인 사건, 긍정적인 결과를 가져온다. 그것은 촉매제와 같으며, 놀라운 결과를 일으키는 불꽃과 같다."

매들린 렝글의 말에서 알 수 있듯 긍정적인 태도 즉, 자세는 긍정적인 결과를 낳게 하는 자기 확신과 믿음의 불꽃인 것이다.

이기는 대화를 하거나 청중을 사로잡기 위해서는 강한 자기 확신 화법을 길러야 한다. 강한 자기 확신 화법은 강력한 대화적 장치인 것이다.

벤저민 디즈레일리의
자기 확신 대화법

벤저민 디즈레일리Benjamin Disraeli는 정치가이자 소설가이다. 유대인으로 어렸을 때부터 좌절을 모르는 기질을 자신의 정치적 역량을 드높이는 데 지혜롭게 적용함으로써 자신을 반대하는 정치세력을 굴복시키고 영국 총리를 두 번(40대, 42대)이나 역임하였다. 그는 소설가로서 《비비안 그레이》, 《헨리에타 사원》 외 다수의 작품을 남겼다. 유럽에서 가장 보수적인 영국 의회에 진출해 두 차례나 총리를 지낸 디즈레일리가 영국 의회에 길이 남는 명정치가가 될 수 있었던 것은, 좌절을 모르는 강인한 확신주의에서 이끌어내는 능력이 출중했기 때문이다.

그러나 이런 그도 총리가 되기 전에는 많은 문제점을 갖고 있었다. 그는 젊은 시절 호기를 부려 사람들로부터 허세를 부린다는 비난을 받기도 했다. 주식에 투자하고, 사업에도 손을 댔으나 번번이 실패했다. 연이은 실패에 따른 좌절과 방황으로 4년 넘게 허송세월하기도 했다. 정계에 입문해서는 수차례에 걸쳐 낙선했다. 한마디로 젊은 날의 그의 인생은 실패의 연속이었다. 그런데도 그는 좌절하지 않았다. 좌절은 곧 인생의 실패라는 것을 경험으로 깨달았기 때문이다. 그는 실패를 거듭할수록 강해지기 위해 더욱 노력했다. 독서광이었던 그에게 책은 인생의 이정표와도 같았다. 그는 많은 책을 읽어 지식을 쌓고 지혜를 터득했으며, 한 달에 4권의 책을 읽으라고 권고한 것으로 유명하다. 수차례에 걸쳐 낙선했던 그는 정계에 대한 꿈을 버리지 않고 도전한 끝에 드디어 총리의 자리에 올랐다. 총리가 된 그는 영국이 안고 있는 문제점들을 하나하나 풀어가기 시작했다. 수시로 반대에 부딪히는 시련도 있었지만, 그러면 그럴수록 그의 의지는 더욱 불타올랐다. 그는 때론 협조를 구하기도 하고, 또 때론 강하게 밀어붙이는 등 자신이 계획한 정책들을 실현해나갔다. 대표적인 그의 공적은 가난한 노동자들의 주거개선 법을 시행해 빈민가를 새롭게 단장하며 서민들이 쾌적한 환경에 주거하도록 한 것이다. 그 외에도 복잡했던 공중보건법을 크게 개선했고, 노동 착취를 방지하는 공장법과 노동자 단체의 지위를 인정하는 두 개의 노동조합법 제정도 그의 업적이다. 대외적인 업적으로는 당시 이집트 수에즈 운하를 인수한 것이 있다. 수에즈 운하 인수는 영국의 강국 이미지를 부각하는 것은 물론 국민에게 지도력을 인정받는 데 크게 작용해 그의 정치적 입지를 더욱 견고하게 해주었다.

러시아와 투르크 간의 전쟁으로 영국은 인도로 가는 길을 방해받지는 않을까 염려했다. 디즈레일리는 전쟁으로 지쳐있는 러시아에 세력을 과시하며, 영국은 전쟁으로 발생하는 어떤 불이익도 허용하지 않겠다는 강한 의지를 보였다. 러시아가 투르크에 강요한 산스테파

노 조약은 1878년 베를린에서 열린 유럽 의회에 상정되었는데, 디즈레일리는 회의에 참석해 러시아로부터 원하는 것을 모두 받아 냈다. 이 일은 영국의 자긍심을 드높인 역사적 사건이라 불리며 그의 정치적 위상을 높여주었고, 그는 빅토리아 여왕의 총애와 신임을 받았음은 물론 국민에게 위대한 정치가로 깊이 각인 되었다.

디즈레일리의 승부사 기질은 영국의 정치사에서 가장 독보적이다. 그의 승부사 기질은 강직한 인품에서 기인한다. 좌절을 모르는 유대인의 기질과 지혜로 정치적 역량을 드높이며 반대 세력을 굴복시킴으로써 총리로서의 입지를 탄탄하게 굳힐 수 있었던 것이다. 그가 영국의 총리로 있는 동안 '대영제국은 해가 지지 않는다'라는 말이 있을 정도로 영국은 전 세계적으로 강력한 국가로서의 위상을 떨쳤다. 빅토리아 여왕의 절대적인 신임을 얻음으로써, 가슴속에 품은 꿈을 맘껏 펼쳐 보이며 많은 국민들로부터 존경과 찬사를 받은 열정과 의지의 위대한 정치가이면서 영국 정치계에서 가장 성공한 정치인으로 평가받고 있다.

디즈레일리의 자기 확신 대화법의 특징을 세 가지 관점에서 살펴보기로 하자.

첫째, 강직한 성품과 자기 확신으로 믿음을 심어주었다.

디즈레일리는 강직한 성품으로 자기 확신이 강했다. 그의 몸속엔 유대인의 뜨거운 피가 흐르고 있었다. 짓밟으면 짓밟을수록 더 강해지는 잡초와 같이, 그는 유대인의 끈질긴 집념과 신념으로 똘똘 뭉쳐 있었고, 사람들과의 대화에서 강한 자기 확신 화법으로 일관하였다. 다음의 이야기에서 그가 얼마나 자기 확신이 강한지를 잘 알 수 있다.

"인제 그만 나는 자리에 앉겠습니다. 하지만 분명한 것은 여러분이 내 말에 귀를 기울일 때가 반드시 올 겁니다."

이는 디즈레일리가 하원에서 한 첫 연설에서 비난을 받자 그가 한 말이다. 이 말엔 그의 강한 확신이 잘 나타나 있다. 그 후 그의 말대로 디즈레일리는 위풍당당하게 정치계의 중심이 되었다.

"필 총리는 외국 수입 곡물에 대한 보호 관세인 곡물법을 철폐하려고 하는데 나는 이를 반대합니다. 이는 우리가 취해야 할 정책이 아닙니다. 우리는 우리 농민을 보호해야 할 의무가 있습니다. 나는 이것이야말로 우리가 해야 할 일이라고 확신합니다."

디즈레일리는 당시 필 총리가 외국 수입 곡물에 대한 보호 관세인 곡물법을 철폐하려는 것을 반대하며 이같이 연설함으로써 자신의 세력을 키워나갔다. 결국 그와 보호무역주의자들은 곡물법 철폐를 막지 못했지만, 그는 1846년 필 총리를 사임하도록 만들었다.

디즈레일리는 더비 백작이 정권을 잡자 재무장관에 임명되었다. 그 후 자유당에 정권을 내주는 등 치열한 정권 싸움을 벌여 다시 보수당이 정권을 잡으며 두 차례나 재무 장관직에 오르게 되었다. 이런 와중에 디즈레일리는 점점 더 자신의 입지를 굳혀 나갔고 여기에 강한 자기 확신 대화법은 크게 작용하였다. 1868년 마침내 디즈레일리는 총리로 취임하였다. 그러나 아쉽게도 의회가 소집되기 전에 사임하였다. 1868년 말 치른 선거에서 자유당이 승리했기 때문이다.

영국 의회는 디즈레일리를 중심으로 하는 보수당과 윌리엄 글래드스턴을 중심으로 하는 자유당으로 양당 체계가 뚜렷해졌다.

"인도는 우리에게 있어 매우 중요합니다. 반면에 러시아는 우리가 강력하게 경계해야 합니다."

인도를 중요시하는 제국 강화 정책을 비롯해 러시아에 대항하는 강경 대외정책은 그의 강인한 인품을 잘 보여줌으로써 지지자들의 열렬한 지지를 받았다. 총리가 되자 그의 강한 자기 확신 대화법은 빛을 발하기 시작했다. 디즈레일리는 정적 글래드스턴과의 대화에서 절대 밀리지 않았던 것이다.

제2차 내각을 구성한 디즈레일리의 정책은 더욱 빛을 발했다. 그는 남편을 잃고 우울해하는 빅토리아 여왕을 따뜻하게 위로하고 여성으로 대해주었다. 친밀감 넘치는 그의 말과 행동에 여왕은 그를 절대적으로 신임하여 그가 원하는 것은 무엇이든 "예스!"라고 말했다. 그의 강인한 자기 확신 대화법에는 여왕을 어떻게 대해야 하는지에 대한 지혜가 담겨있던 것이다.

여왕의 지지를 얻은 디즈레일리는 자신의 정책을 맘껏 펼쳐나갔다. "우리는 기능공을 비롯한 노동자의 권익을 보장해 주어야 합니다."라는 말로 '기능공 및 노동자 주거 개선법'을 통해 빈민가를 정비하였고, 1975년에는 '공중보건법'을 입법화하였다.

이집트의 수에즈 운하를 매입할 당시 이야기이다.

"수에즈 운하를 매입하는 것에 대해 재고해 주십시오."

외교부는 수에즈 운하의 불필요성에 관해 설명하고 이같이 말했다. 그러자 디즈레일리는 강력하게 말했다.

"우리는 수에즈 운하를 손에 넣어야 합니다. 그것은 우리에게 큰 이익을 보장할 것입니다."

디즈레일리는 외교부의 반대를 무릅쓰고 수에즈 운하를 매입하였는데, 그의 말대로 수에즈 운하는 영국의 위상을 크게 높여주었다.

오스만제국 치하의 그리스도교들이 학정을 참지 못하고 반란을 일으켰을 때 러시아는 투르크에게 선전포고를 하고 전쟁을 벌였다. 이에 디즈레일리는 러시아군을 제압하기로 결심하고 이렇게 말했다.

"나는 러시아군을 제압할 것입니다. 이것이 지금 내가 결정할 수 있는 유일한 일입니다."

그러자 자유당에서는 반대를 하고 나섰다. 하지만 디즈레일리는 인도로 가는 길이 위협받을까 하여 자신의 뜻을 굽히지 않았다. 그는 1878년 독일 베를린에서 열린 유럽 회의에 참석하여 러시아로부터 자신이 원하는 모든 양보를 받아냄으로써 영국 국민에게 환영을 받았다. 이로써 디즈레일리는 가장 위대한 정치가로 영국 정치사를 화려하게 수놓았다.

디즈레일리가 총리로서 위대한 정치가가 될 수 있었던 가장 큰 요인은 강한 자기 확신 대화법에 있었다. 그는 누구 앞에서도 주눅 들지 않았고 자기 확신 대화법을 펼치며 열변을 토했다. 자기 확신으로 가득 찬 대화는 개인적으로나 정적들에게 그리고 빅토리아 여왕에게도 강력한 빛을 발했다.

강한 자기 확신 대화법은 상대방을 설득하여 내 편으로 만드는 데 매우 효율성이 뛰어난 대화법이라고 할 수 있다.

둘째, 열정과 감성으로 상대의 마음을 움직였다.

디즈레일리의 강한 자기 확신 뒤에는 따뜻한 감성이 흐르고 있다. 상대방이 여성이라면 그의 따스함은 더욱 빛을 발했다. 남편 알베르트 경을 잃고 우울증에 빠져 지내던 빅토리아 여왕의 마음을 이해하고 공감한 그는 여왕에게 무릎을 꿇고 손에 입을 맞추며 이렇게 말했다.

"여왕 폐하, 폐하께 진심을 다해 충성을 맹세합니다."

그리고 이어 그는 이렇게 말했다.

"폐하께서 되도록 쉽게 일을 처리하실 수 있도록 해드리는 것이 저의 기쁨이며 의무입니다."

디즈레일리의 말엔 빅토리아 여왕에 대한 따뜻함이 달콤한 꿀처럼 흐르고 있음을 알 수 있다. 그의 부드럽고 정감 어린 따뜻한 말 한마디는 여왕의 마음을 샀으며, 그녀를 자신의 편으로 만들었다. 빅토리아 여왕은 자신의 슬픈 마음을 알아주고 따뜻하게 살펴준 디즈레일리의 마음 씀에 크게 감동했다. 상대의 마음을 읽는 눈을 갖는다는 것, 이것은 상대를 확실하게 자기편으로 만드는 참 좋은 대화법이다.

그날 이후 디즈레일리는 매사 절대권자인 여왕에게 최선을 다했다. 남편인 알베르트를 잃고 우울증에 빠져 지냈던 여왕은 밝고 긍정적인 생활을 하기 시작했다. 여왕이기 전에 사랑하는 남편을 잃은 한 여자로서 겪는 슬픔을 이해했고, 그녀가 우울증의 안개를 거둬내고 다시 예전처럼 돌아오게 하기 위해 디즈레일리가 애쓴 결과였다.

1876년 디즈레일리는 빅토리아 여왕에게 '인도의 황제'라는 칭호를 주자는 의견을 내놓았다.

"여러분, 여왕 폐하께 여제라는 칭호를 부여했으면 합니다."

그의 제안에 모두 동의했고 법안이 통과되었다.

"폐하, 여제라는 칭호가 맘에 드십니까?"

"들다마다요. 고맙습니다. 나를 위해 그토록 멋진 칭호를 선물하다니."

디즈레일리의 말에 여왕은 크게 기뻐하며 말했다. 그리고 그에게 비콘스필드 백작 작위를 수여했고, 자신에게 그 같은 선물을 준 그에게 깊이 감사하였다. 이후 둘은 여왕과 총리라는 직위를 떠나, 남자와 여자라는 성性을 떠나 뜻이 잘 맞는 정치적 동반자가 되었다.

디즈레일리가 수에즈 운하를 취함으로써 영국의 저력을 보여주자, 빅토리아 여왕은 만면 가득 웃음을 지었다. 또한 러시아로부터 키프로스 섬을 얻게 되자 빅토리아 여왕은 뛸 듯이 좋아했다.

"총리께서는 어쩜 이리도 내 마음을 기쁘게 한단 말입니까? 매사에 나를 생각하는 그 마음 고맙습니다."

"폐하께서 마음이 즐거우셔야 우리 영국의 국민 모두 행복할 수 있기 때문입니다. 폐하, 폐하를 위하는 일은 곧 국가와 국민을 위한 일인 것입니다."

입에 혀 같은 디즈레일리의 말은 여왕을 한껏 들뜨게 했다.

디즈레일리는 정치적으로뿐만 아니라 사적으로도 빅토리아 여왕과의 친분을 두텁게 하였다. 어느 날 디즈레일리는 빅토리아 여왕의 꽃 선물을 받고 앵초를 선물하면서 이런 편지를 동봉했다.

"폐하, 모든 꽃 중에서 그 아름다움이 가장 오래가는 꽃이 바로 앵초입니다."

그의 편지를 읽고 여왕은 앵초를 가장 좋아하게 되었다.

"다른 이들은 여왕을 충성으로 대하지만, 나는 여왕을 여성으로 대합니다."

지인이 여왕의 마음을 사로잡을 수 있는 비결을 물었을 때 디즈레일리는 이렇게 말했다.

디즈레일리는 자신보다 12살이나 많은 아내를 대할 때도 따뜻한 말을 잊지 않았고 그의 부인은 그에게 평생 헌신했다. 또한 브래드퍼드 부인과 체스터필드 부인 자매와도 따뜻한 우애를 나눴는데 역시 그의 따뜻한 말과 행동은 그녀들을 즐겁게 만들었다. 디즈레일리는 여자의 마음을 너무도 잘 이해했고 따뜻하고 부드러운 감성 대화로 좋은 인간관계를 이어갔던 것이다.

셋째, 매사를 긍정적으로 말하고 행동했다.

상대방에게 믿음을 주고 신뢰를 얻기 위해서는 매사를 긍정적으로 생각하고 행동해야 한다. 그렇게 할 때 이런 사람에게는 무엇을 맡겨도 잘 해낼 수 있겠다는 확신을 하게 되고, 그로 인해 자신에게 생산적인 유익함이 따르리라고 생각하기 때문이다.

디즈레일리는 실패를 전혀 두려워하지 않았다. 실패는 살다 보면 늘 겪게 되는 일상의 일과 중 하나라고 여겼다. 그가 실패를 두려워하지 않는 것은 실패를 겁내지 않는 유대인의 DNA를 가졌기 때문이다. 유대인들은 역사적으로 볼 때 수많은 핍박을 받은 대표적인 민족이다. 온갖 핍박과 냉대 속에서도 강하게 살아남아 오늘날 자타가 인정하는 최고의 민족으로 우뚝 선 것이다.

디즈레일리는 프라이비트 학교에서 공부했다. 그리고 17세 때 사무변호사 수습생이 되었지만, 그의 가슴엔 잘 되고 싶은 욕망으로 가득 차 있었다. 그는 남아메리카 광산 주식에 투자했으나 빚만 잔뜩 지고 아버지 친구인 인쇄업자 머리를 설득해 일간지 〈레프리젠터티브〉를 발행했으나 실패하고 말았다.

"디즈레일리, 네가 하는 일은 매사가 실패 덩어리야. 그런 너를 믿은 내가 바보지."

아버지 친구인 머리는 이렇게 말하며 디즈레일리를 타박했다. 하지만 그는 전혀 주눅 들지 않고 이렇게 말했다.

"실패한 건 안 된 일이지만, 실패는 언제나 있는 법 아닙니까? 실패를 거울삼아 같은 일을 다시 실패하지 않도록 하는 것, 그것이야말로 더욱 중요하다고 생각합니다."

투자의 실패로 화가 난 머리였지만, 디즈레일리에게 더는 비난을 가하지 않았다.

그는 정치에 뜻을 품고 무소속으로 선거에 나섰지만 급진적인 주장을 펼치는 바람에 1832년에 두 번, 1835년에 한 번 연이어 세 번이나 낙선했다.

"되지 않을 선거를 왜 하는 건지 모르겠습니다."

"되기도 하고 안 되기도 하는 게 선거 아닙니까? 실패했으니까 다음번엔 당선이 될 겁니다."

세 번을 연속 떨어지자 지인이 빈정대며 말했다. 하지만 디즈레일리는 개의치 않고 다음엔 당선될 거라며 아무렇지도 않게 말했다. 어떻게 보면 자기합리화를 시키는 말 같지만, 그 말속엔 당선하겠다는 의지가 담겨 있다. 좀 더 부연해서 말하면 꼭 당선돼서 내 말이 옳다는 것을 증명해 보이겠다는 자기 확신이라고 할 수 있다.

디즈레일리는 보수당 지도자가 되어 보호무역을 주장했으나 당은 이 문제에서 손을 떼야 한다는 입장이었다. 하지만 그는 자신의 소신을 굽히지 않았다.

"나는 이 제도야말로 반드시 지켜야 한다고 생각합니다."

당은 이를 받아들이지 않았고 그의 주장은 물거품이 되었지만 그의 재능은 당의 신뢰를 받았다. 1847년 버킹엄에서 출마해 하원의원으로 당선되었고, 더한층 자신의 입지를 탄탄히 다져나갔다. 보수당의 더비 총리에 의해 두 번이나 재무장관에 임명되었고, 의회 개혁안을 냈지만 자유당의 반대로 통과되지 못했다. 보수당은 무너졌고 그후 6년 동안 자유당이 정권을 잡았다. 또 한 번의 실패를 맛봤다.

"실패는 언제나 있는 법. 이로 인해 나는 절대 좌절하지 않을 것입니다. 나는 반드시 정권을 되찾고 말겠습니다."

통렬히 비난하는 동료들을 향해 디즈레일리는 긍정적인 의지를 확고하게 각인시켰다.

1865년 자유당 지도자 러셀이 '선거법 개정안'을 내놓자 보수당이 반대하고 러셀에 대해 부정적인 시각을 가진 이들에 의해 자유당은 무너지고 말았다. 다시 정권을 잡은 더비는 디즈레일리를 또다시 재무장관에 임명했고 디즈레일리의 주도하에 선거법 개정안이 통과되었다.

"지난날 우리의 선거 개정안은 실패하였지만 비로소 오늘 성공하였습니다. 지난날 실패는 언제나 있다고 말했지만, 보십시오. 우리가 실패를 딛고 이룬 개정안이라 더한 의미가 있지 않습니까? 실패는 단지 실패일 뿐이지요. 우리는 이 사실을 잊지 말아야 합니다."

그는 동료 의원들에게 이렇게 말하며 미소 지었다.

영국 의회는 보수당을 이끄는 디즈레일리와 자유당을 이끄는 글래드스턴으로 인해 새로운 양당체계가 이뤄졌다. 그로 인해 인물 중심으로 이루어지던 해묵은 정치는 물러가고, 일관성을 지닌 정책대결의 새로운 정치가 시작되었다. 디즈레일리와 글래드스턴은 치열한 경쟁 관계로 한 치의 양보도 없었다. 언제나 서로 우위를 차지하려고 열정으로 당을 이끌며 정쟁에서 이기기 위해 최선을 다했다. 디즈레일리는 실패를 밥 먹듯 하던 예전의 그가 아니었다. 수많은 시련과 실패를 겪으며 새로운 안목이 열렸고, 정치에 대해 세련됨과 여유로움이 생겨났다. 한마디로 노련함 그 자체였다.

실패는 좌절을 주기도 하지만 실패에 굴하지 않으면 실패는 긍정이라는 마인드를 선물로 준다. 실패는 언제나 있지만 영원한 실패는 없는 법이다. 디즈레일리는 실패를 딛고 일어나 긍정의 에너지로 자신이 이루고자 했던 정책을 성공적으로 이뤄내며 영국을 해가 지지 않는 나라로 만들었다. 이 당시 영국의 영토는 지금 러시아의 두 배가 넘는다고 하니 가히 놀라지 않을 수 없다.

실패는 디즈레일리에게는 성공으로 가는 디딤돌이었던 것이다. 그는 실패를 딛고 기회가 오면 반드시 기회를 성공으로 이뤄냈다. 이에 대해 그는 이렇게 말했다.

"기회가 왔을 때 받아들일 준비가 되어 있는 것, 그것이 바로 성공의 비결이다."

그렇다. 실패를 말하는 입은 언제나 부정적인 결과를 낳는다. 하지만 실패를 하더라도 긍정을 말하고 희망을 말하고 기회를 받아들일 준비를 하면 긍정적인 결과를 낳는다.

실패의 또 다른 이름은 '성공의 지름길'인 것이다.

벤저민 디즈레일리의
자기 확신 대화법 적용하기

앞에서도 말했지만 디즈레일리는 실패를 두려워하지 않는 자기 확신이 강한 사람이다. 그는 언제나 강한 자기 확신에 사로잡혀 있었다. 마치 그것은 그에겐 숙명과도 같은 것이었다.

그 어떤 장애도 그 앞에서는 영원하지 못했다. 그는 실패했을 때 기회가 오길 준비하며 기다렸다. 그러다 기회가 오면 그 기회를 꽉 붙잡아 성공으로 끌어냈다.

실패 속에서도 성공을 이끌어냈던 디즈레일리의 자기 확신 대화법을 익힘으로써 만나는 사람 누구와도 당당하게 자신의 생각을 전한다면, 자신이 원하는 것을 성공적으로 이끌어내는데 큰 도움이 될 것이다. 이에 자기 확신 대화법 적용하기를 세 가지 관점에서 살펴보기로 하겠다.

첫째, 강한 자기 확신으로 믿음을 심어주어라.

상대방과의 대화에서 자신이 원하는 것을 얻기 위해서는 상대방에게 강한 자기 확신을 심어줄 필요가 있다. 사람은 누구나 자기 확신이 강한 사람에게 이끌리게 된다. 그 사람에게는 긍정의 에너지가 넘쳐 자신에게 도움이 될 만한 사람이라고 여기기 때문이다.

생각해보라. 자기 확신이 강한 사람과 그렇지 않은 사람을 놓고 볼 때 어느 쪽으로 마음이 기우는지를. 당연히 자기 확신이 강한 사람이다. 그러나 자기 확신이 약한 사람은 믿음이 가지 않는다. 주체적이지 못하고 나약하게 보이기 때문이다.

예를 들어 "분명히 말하지만 나는 이 일은 반드시 성사되리라 확신합니다."라는 말과 "나는 이 일이 성사되리라고 믿지만 확신이 없습니다."라는 말 중 어느 쪽에 더 믿음이 갈까. 당연히 첫 번째 말이다. 왜 그럴까. 자기 확신을 강하게 보여주었기 때문이다. 만일, 누구라도 자신이 경영자이고 두 사람 중 한 사람만을 채용한다면 첫 번째로 말한 사람을 채용하게 될 것이다. 자기 확신이 강한 사람은 어떤 문제에 봉착하게 되면 어떻게 해서든 그 문제를 해결하기 위해 노력한다. 가령, 논쟁하면서 자신이 불리하다 싶거나 논쟁에서 이기고자 한다면 상대방의 허점을 노려 빠져나가지 못하게 적극적으로 대응한다. 이에 대해 독일의 철학자 쇼펜하우어Schopenhauer는 자신의 저서 《논쟁에서 이기는 38가지의 방법》에서 이렇게 말했다.

"자신이 건드린 부위(허점)를 계속해서 몰아붙이면서 상대방이 그 약점으로부터 도망치지 못 하게 해야 한다. 이것은 자신이 건드린 약점이 무엇인지 우리 스스로 아직 잘 파악하지 못한 상태에서도 마찬가지이다."

쇼펜하우어의 말에서 보듯 자기 확신이 강한 사람은 상대방의 허점을 찾아 끈질기게 물고 늘어짐은 물론 그것을 논리적으로 증명하기 위해 열정을 다한다.

"잘 나가는 사람들은 확신이 있다."

이는 프랑스 파리 소르본 대학과 고등 상공학교 부교수이자, 커뮤니케이션 교육회사인 뉘아주 블랑 상토르 이뎁Nuages Blancs Centor Idep 의 부사장인 리오넬 벨랑제가 한 말로 잘 나가는 사람들은 자기 확신이 강하기 때문이라는 걸 알 수 있다.

성공한 사람들은 자신에게 처한 문제나 새롭게 시도하는 일에 대해 강한 자기 확신으로 사람들에게 믿음을 심어주고 그들이 따라오게 만든다.

디즈레일리가 성공적인 정치가가 되고 성공한 인생이 될 수 있었던 것은 강한 자기 확신을 무기로 하여 자신이 만나는 사람 그 누구라 할지라도 대화에서 우위를 점했기 때문이다. 자기 확신을 단련하기 위해서는 자신을 강하게 해야 할 필요가 있다.

자신을 강하게 단련하는 법

01_ 인간은 못 할 것 같은 일도 막상 닥치면 해낼 수 있다. 다만 그

것을 해내겠다는 신념이 있을 때만 가능하다. 신념을 마음에 품고 신념대로 말하고 행동하라.

02_ 뿌리가 튼튼한 나무는 강풍에도 뿌리가 뽑히지 않으나, 뿌리가 약하면 미풍에도 쉬 뽑히고 만다. 마음을 단단히 하여 흔들림이 없도록 해야 한다.

03_ 내가 하지 않으면 누구도 대신해 주지 않는다고 마음에 새기면, 남에게 의존하는 마음을 갖지 않게 된다. 무슨 일이든 남에게 의존하려는 생각을 버리고 스스로 해결하기 위해 최선을 다해야 한다.

04_ 끝까지 해내는 끈기를 길러야 한다. 끝까지 해내는 끈기가 강철 의지를 기르게 하기 때문이다.

05_ 인간은 누구나 자신이 강하다고 생각하는 경향이 있다. 그러나 그것은 자기 착각일 뿐 실제에서는 그렇지 않은 경우가 많다. 이를 경계하여 마음을 단단하게 해야 한다. 그리고 허점을 드러내지 않도록 매사에 철저하게 준비하라.

"자신을 진정으로 사랑하기 위해서는 자신의 능력으로 무엇인가에 최선의 노력을 다해야 한다. 자신의 다리로 높은 곳 즉 자신의 목표를 향해 걷지 않으면 안 된다. 하지만 그것은 고통이 따른다. 그러나 그것은 마음의 근육을 단련시키는 고통이다."

이는 19세기 독일의 철학자 프리드리히 니체Friedrich Nietzsche가 한 말로 마음의 근육을 길러야 하는 이유에 대해 잘 알게 한다.

마음의 근육을 단련시킨다는 것은 곧 자기 확신을 강화하는 것과 같다. 그래서 자신을 강하게 단련하고 다지면 자기 확신이 강해지고, 사람들과 대화를 함에 있어 자신감을 갖게 된다. 자기 확신 대화법은 강한 자기 확신에서 오는 것이다.

'자신을 강하게 단련하는 법' 다섯 가지를 마음에 새겨 습관이 될 수 있도록 꾸준히 노력하라. 노력은 사람을 배신하지 않는다. 노력이란 진리를 믿고 행하는 것, 그 또한 자기 확신을 강하게 하는 최선의 방법임을 잊지 말아야 한다.

둘째, 열정과 감성으로 상대의 마음을 움직여라.

대화할 때 상대방의 마음을 끌어당기기 위해서는 '열정'과 '감성'이 매우 중요하다. 열정은 상대방에게 능동적이고 적극적인 사람이라는 인상을 심어주고, 감성은 상대방의 정서를 자극하여 마음을 움직이게 하는 데 매우 효과적이다. 사람은 그 누구라 할지라도 열정과 감성이 풍부한 사람에게 관심을 기울이게 된다.

열정의 중요성에 대해 미국의 저술가인 마이클 코다Michael Korda는 이렇게 말했다.

"열정에는 마법 같은 힘이 있다. 그것은 평범함과 훌륭한 성취의 차이를 만들어낸다."

마이클 코다의 말처럼 열정은 마법과 같은 힘이 있어 무슨 일에서든 좋은 결과를 이뤄낸다. 이런 까닭에 열정이 넘치는 사람은 주변 사람들에게 좋은 이미지를 심어주고, 사람들은 그와 좋은 관계 맺길 희망한다. 열정으로 가득 찬 사람의 말엔 열정의 에너지가 넘친다.

감성 또한 인간관계에서 매우 중요한 작용을 한다. 감성Emotions이란 '자극에 대하여 느낌이 일어나는 능력'을 말하는데, 대화할 때 따뜻하고 부드러운 말은 상대방의 감성을 자극하기에 매우 효과적이다. 사람은 누구나 따뜻하고 부드러우면서 친밀감이 좋은 사람에게 호감을 느낀다. 그 사람과 함께하면 기분이 좋고 마음이 즐거워지기 때문이다. 특히, 친밀감이 좋은 사람이 사람들과의 관계를 유리하게 만든다. 사이가 원만하고 좋은 느낌이 들게 될 때 상대방에 대한 경계심이 풀리고, 그와 좋게 지내고 싶은 마음이 들기 때문이다. 디즈레일리는 강직하고 자기 확신이 강하지만, 감성적인 성향이 뚜렷하고 따뜻하면서도 부드러운 성격을 갖고 있었다. 그의 이런 성품은 특히 여성들에게 자신을 매력적으로 돋보이게 했다. 디즈레일리는 옷을 세련되게 입을 줄 알았고, 여성들이 좋아하는 것들에 대해 잘 알고 있었다.

디즈레일리의 부인은 그보다 12살이 더 많은 돈 많은 미망인이었지만, 그와 결혼한 후 그에게 매우 헌신적이었다. 이에 관한 이야기이다.

어느 날 디즈레일리가 의회에 연설을 하러 가던 길이었다. 그가 원고를 검토하던 중에 아내가 문을 닫다 그만 손가락을 끼고 말았다. 심한 통증에도 그녀는 아픈 내색을 하지 않았다. 원고 검토에 열중하는 그를 방해할까 조심스러웠던 것이다. 연설을 성공리에 마치고 난 디즈레일리는 뒤늦게 이 사실을 알고 안타까운 표정으로 아내에게 말했다.

"여보, 나를 위해 아픔을 참다니요. 내겐 연설보다도 당신이 더 소중해요. 미안해요. 아픔을 갖게 해서."

"괜찮아요. 나로 인해 당신이 신경 쓰게 하는 것은 내가 원치 않거든요. 그렇게 말해줘서 고마워요."

디즈레일리의 따뜻한 마음이 담긴 말에 그의 아내는 무한한 행복감에 젖어 아픔도 다 잊고 말았다.

"나는 당신이라면 충분히 그 일을 잘하리라 믿습니다. 당신은 누구보다도 그 점에 관해서는 단연 최고라고 생각하니까요."

"그 일을 당신이 맡아서 해주세요. 당신이 제격이니까요."

앞의 두 가지 말에서 볼 때 어떤 말이 더 상대방의 마음을 움직이는지 분명해진다. 단연 첫 번째 말이다.

왜 그럴까. 첫 번째 말은 상대방에 대한 따뜻함이 잘 나타나 있다. 상대방이 가진 능력을 인정해줌으로써 상대방의 의욕을 고취함은 물론 상대방의 기분을 끌어올리기에 부족함이 없다. 그러나 두 번째 말은 다분히 사무적이다. 이런 말은 상대방의 환심을 사지 못한다.

같은 말도 어떻게 하느냐에 따라 받아들이는 사람의 마음은 큰 차이를 보이게 된다. 상대방을 기분 좋게 하면 그것은 곧 자신에게 돌아온다. 그냥 돌아오는 것이 아니라 자신이 원하는 흡족한 결과물로 기쁨을 준다.

이렇듯 자신이 원하는 것을 얻고 상대방과 좋은 관계를 유지하기 위해서는 열정이 담긴 따뜻한 감성의 말로 대화를 하는 것이 좋다.

열정과 감성을 기르는 법

01_ 매사에 긍정적으로 생각하고 능동적으로 행동하라. 열심히 하는 모습은 자신에게도 남에게도 좋은 기운을 갖게 한다.

02_ 말 한마디라도 따뜻하고 부드럽게 하라. 같은 말도 따뜻하고 부드러운 말은 상대방을 감동하게 하지만, 무덤덤하고 성의 없는 말은 아무런 감동도 주지 못한다. 따뜻하게 말하고 부드럽게 말하는 연습을 통해 습관화하라.

03_ 시집이나 수필을 읽어 마음을 따뜻하게 하는 감성적이고 서정적인 표현을 메모하여 머리에 입력시켜라. 말할 때 상황에 맞게 활용한다면 상대방은 좋은 마음이 들게 된다. 이를 꾸준히 반복하여 몸에 배게 하라.

04_ 언제나 표정을 밝게 하고 미소 지어라. 밝은 표정과 미소는 상대방의 마음을 편안하게 하고, 경계심을 풀게 한다. 거울을 보고 친밀감 있는 말과 행동을 꾸준히 연습하라.

05_ 상대방이 자신이 대접받는다는 느낌이 들도록 품위 있게 말하고 행동하라. 사람은 자신이 대접받는다는 생각이 들면 자신 또한 상대방에게 최선을 다하려고 한다.

"한 방울의 꿀은 한 통의 쓸개즙보다 더 많은 날벌레를 잡는다."

이 말은 에이브러햄 링컨이 한 말로 달콤한 한 방울의 꿀의 위력이 한 통의 쓸개즙보다 더 강하다는 것을 알 수 있다. 이를 대화에 적용해본다면 따뜻하고 부드러운 한마디의 말은 상대방의 마음을 움직이는 데 매우 효과적으로 작용하지만, 툭툭 던지는 말은 상대방의 마음을 움직이지 못한다는 것을 알 수 있다. 대화에서 자신이 원하는 것을 얻고자 한다면, 상대방의 마음을 움직일 수 있도록 최대한 따뜻한 말과 부드러운 표정으로 말하라. 사람은 누구나 자신을 따뜻하게 대해주는 사람에게 관심을 갖고 마음을 활짝 여는 법이다.

셋째, 매사에 긍정적으로 말하고 행동하라.

긍정적인 사람을 보면 에너지가 넘치고 자신감이 넘친다. 그 사람 입에서는 "안 돼."라는 말이 나오지 않는다. 언제나 "OK!"라는 말이 입버릇처럼 나온다. 긍정의 말은 생산적이고 창의적이어서 말을 하는 사람이나 듣는 사람 모두 기분을 좋게 해준다. 특히, 상대방에게 자긍심을 심어주는 말은 매우 효과적이다. 그로 인해 상대방은 기분이 좋아지게 되고, 말을 한 사람에게 좋은 감정을 갖게 된다.

자긍심이 미치는 영향에 대해 고마자와 여자대학 인문학 교수인 도미타 다카시는 이렇게 말했다.

"한참 흥이 나서 소문난 이야기로 흘러갈 때 '여기서만 하는 얘기지만', '이거 비공식인데'라고 말하는 경우가 있다. '너를 신뢰하기 때문에 말하는 거야'라는 의미를 포함하고 있는 이 말들은 연대감을 강화하고, 별일이 아니더라도 왠지 흥미를 끌게 만든다."

도미타 다카시의 말을 보더라도 '너에게만 하는 말'이라는 말은 그 사람의 기분을 매우 좋게 만들어주고 자긍심을 갖게 해줌으로써 자신에게 흥미를 갖게 만든다.

자긍심을 심어주는 말은 평소에 친분이 두텁고 신뢰하는 이에게도 매우 효과적이지만, 처음 만난 사람에게도 매우 효과적이어서 상황에 따라 적절하게 잘 활용하면 대화에 있어 긍정적인 결과를 낳게 된다.

"폐하, 폐하께 충성을 다 하겠습니다. 폐하가 원하는 일이라면 그것이 설령 절 힘들게 할지라도 주저하지 않고 기꺼이 다 하겠습니다."

"폐하께서 저에게 힘을 주시는 것만으로도 저는 충분합니다."
"폐하, 폐하나 저와 같은 작가들은 말입니다."

첫 번째 말은 디즈레일리가 총리직을 맡고 빅토리아 여왕에게 한 말이고, 두 번째는 평상시에 여왕에게 한 말이며, 세 번째는 대화를 시작할 때 그가 늘 하는 말이었다.

이의 말에서 보듯 디즈레일리의 자기 확신 대화법은 여왕을 매우 흡족하게 했으며 그로 인해 여왕의 절대적인 지지를 받았다.

"수에즈 운하를 왜 매입하려고 합니까? 그것보다 더 시급한 것이 우리에겐 얼마든지 있는데 말이죠."
"수에즈 운하를 손에 넣게 되면 우리는 놀라운 결과를 얻게 될 것입니다."
"그것은 총리의 생각일 뿐입니다."
"절대 그렇지 않습니다. 나는 그것을 반드시 증명해 보이도록 하겠습니다."

이 말은 디즈레일리가 수에즈 운하를 매입한다고 했을 때 반대하는 자유당 의원을 향해 한 말이다. 이 말속엔 상대방에게 긍정의 확신을 갖게 하기 위한 그의 긍정적인 생각이 잘 나타나 있다.

디즈레일리 말대로 수에즈운하를 매입한 영국은 세계인들의 주목을 받았고, 영국의 위상을 한껏 끌어올리는 계기를 마련하게 되었다.

이렇듯 긍정적으로 말하고 행동하는 것은 상대방이 누가 됐든 긍정적으로 작용해서 상대를 압도하게 됨으로써 대화에서 우위를 점하게 된다.

상대방에게 자긍심을 심어주고 긍정적인 생각을 갖게 하기 위해서는 어떻게 해야 할까. 이에 대한 답은 간단하다. 긍정적인 마인드와 자긍심을 기르는 것이다.

긍정적인 마인드와 자긍심을 기르는 법

01_ 무슨 일이든 긍정적으로 생각하고 능동적으로 행동하라. 긍정적인 생각은 매사를 능동적으로 행동하게 하고, 능동적인 행동은 매사를 긍정적으로 생각하게 한다.

02_ 긍정적으로 말하고 행동하면 긍정적으로 생각하게 된다. 이를 습관화하는 것이 중요하다.

03_ 부정적인 생각과 말은 부정적으로 행동하게 한다. 부정적인 생각과 말을 금하라.

04_ 상대방을 칭찬하고 격려하면 상대방은 자긍심을 갖게 된다. 칭찬과 격려는 자긍심을 기르게 하는 마음의 보약이다.

05_ 상대방이 흥미를 갖게 말하고 행동하라. 흥미를 갖게 되면 그 또한 흥미를 갖고 다가온다. 사람은 누구나 자신에게 흥미를 갖게 해주는 사람에게 관심을 갖게 되고 좋은 감정을 갖게 된다. 이는 곧 자신에게 긍정적인 결과를 가져온다. 이를 습관화하라.

디즈레일리의 자기 확신 대화법은 그 어느 대화법보다도 상대방에게 믿음과 신뢰를 준다. 자기 확신 대화법을 몸에 배게 하기 위해서는 자신의 몸과 마음을 강하게 단련시키고 디즈레일리가 했던 세 가지 방법을 꾸준히 적용함으로써 습관화해야 한다. 그렇게 될 때 상대방과의 대화에서 우위를 점하게 됨으로써 성공적인 결과를 이뤄 원하는 인생을 살게 될 것이다.

"성공의 비결은 목적을 향해 시종일관하는 것이다. 한 가지 목표를 버리지 않고 지켜나간다면 반드시 싹이 틀 때가 온다. 사람이 성공하지 못하는 것은 처음부터 끝까지 한길로 나가지 않았기 때문이지, 성공의 길이 험악해서가 아니다. 한마음 한뜻은 쇠를 뚫고 만물을 굴복시킬 수 있다."

이는 디즈레일리가 한 말로 그의 인생철학이 잘 담겨 있다. 그는 학교라고는 초등교육을 받은 것이 전부이다. 그러나 그는 어린 시절부터 독서를 즐겨하였다. 책은 그에게 친구이자 스승이었다. 주식과 사업, 정계에 입문해서도 실패를 거듭하여 마치 실패를 위해 사는 사람 같았지만 그는 실패를 두려워하지 않았다. 가난했지만 당당하게 행동했다. 그는 자신이 말했듯이 초지일관 가슴의 품은 뜻을 위해 달려갔고, 마침내 영국 총리가 되어 ―그것도 두 번이나― 자신의 뜻을 펼친 끝에 영국을 해가 지지 않는 나라로 만들었으며 영국 국민에게 위대한 정치가로 기억되고 있다.

03

꾸밈없고 소탈한
경청 대화법

━━━━

알베르트 아인슈타인
(Albert Einstein 1879~1955)

20세기 최고의 물리학자로 노벨 물리학상을 받았다. 특수상대성
이론과 일반상대성이론을 발표하고 저서는《일반상대성이론의
기초》가 있다.

━━━━

사람들은 대개 말을 많이 하고 주도하는 사람이 말을 잘하는 사람이
라고 믿는 경향이 있다. 물론 조리 있게 논리적으로 말하고 설득력이
좋은 사람을 말 잘하는 사람이라고 할 수 있다.

 그러나 남의 말을 잘 들어주는 사람 즉 '경청傾聽'에 능한 사람이야말
로 진정으로 말을 잘하는 사람이다.

왜 그럴까. 사람들은 누구나 상대방보다 말을 더 많이 하고 싶어 하는 욕망이 있다. 자신이 더 많은 말을 해야 상대방 우위에 있다고 믿기 때문이다. 하지만 이는 대단히 잘못된 생각이다. 이런 사람은 쓸 모 있는 말도 많이 하지만, 쓸모없는 말 역시 많은 법이다. 이에 비 해 말이 적고 남의 말을 잘 들어주는 사람은 쓸모없는 말을 하지 않 는다. 남의 말을 들어주는 것만으로도 상대방으로부터 좋은 사람, 마 음이 넓은 사람, 배려심이 좋은 사람이라는 평판을 듣는다. 남의 말 을 잘 들어주는 것이야말로 '대화의 고수'들이 하는 대화법이다. 경청 의 중요성에 대해 미국의 의학자이자 시인인 올리버 웬델 홈스Oliver Wendell Holmes는 이렇게 말했다.

"진심으로 공감하고 이해하는 태도로 상대의 말을 듣는 것이야말 로 다른 사람들과 두루 사이좋게 지내고 평생 지속될 우정을 쌓아가 는 데 가장 효과적인 방법이다. 요즘에는 이 기술을 연습하는 사람들 이 점점 줄어드는 것 같다. 이 기술은 바로 '경청'하는 것이다."

올리버 웬델 홈스 말에서 보듯 상대방의 말을 잘 들어주는 것이 가 장 뛰어난 대화라는 걸 알 수 있다. 이런 사람은 어디를 가든 누구를 만나든 환영을 받는다. 그래서 누구든지 그를 친구로 삼기를 주저하 지 않는다.

남의 말을 잘 듣는 것처럼 상대방의 마음을 움직이는 데 효율적인 대화는 없다. 《탈무드》에는 이런 말이 있다.

"인간의 입은 하나 귀는 둘이다. 이것은 듣기를 배로 하라고 하는 것이다."

이 또한 말을 많이 하기보다는 듣기를 즐기라는 말이다.

올리버 웬델 홈스와 《탈무드》의 말을 보더라도 남의 말을 잘 듣는 것이 인간관계에서 얼마나 중요한지를 잘 알 수 있다.

다음은 경청에 관한 이야기이다.

해군 제독이 건의할 일이 있어 프랭클린 루스벨트Flanklin Delano Roosevelt 를 찾아왔다.

"각하. 안녕하십니까?"

"어서 오시오. 그래 날 보자는 이유가 무엇이오."

루스벨트는 빙그레 웃으며 말했다.

"저, 다름이 아니라 해군에 대한 문제로 드릴 말씀이 있어서 찾아 뵈었습니다."

"아, 그래요. 어서 말해 보세요."

루스벨트의 말에 제독은 차분하게 말을 이어나갔다. 그의 말을 듣던 루스벨트는 알았다는 듯 고개를 끄덕이고는 해군 장관을 지냈던 자기 경험을 풀어 이야기했다. 제독은 루스벨트의 말 도중에 고개를 연신 끄덕이는가 하면,

"아 네, 그랬군요."

"그래서 어떻게 되었습니까?"

"참 훌륭한 결단이셨습니다."라는 등 루스벨트의 말에 따라 적절하게 보조를 맞춰주었다. 루스벨트가 말을 끝내자 "각하, 좋은 말씀 잘 들었습니다."라는 말을 하며 자리에서 일어났다. 제독이 밖으로 나가고 난 후 루스벨트는 그가 말을 아주 잘하는 사람이라며 칭찬했다. 그러자 옆에 있던 참모가 이렇게 말했다.

"각하, 그 사람은 각하의 말씀을 열심히 듣고만 있던데 어찌 말을 잘한다고 하십니까?"

참모의 말에 루스벨트는 말없이 기분 좋게 웃었다.

그 해군 제독이 루스벨트의 신임을 얻었음은 두말할 나위가 없다. 그는 미 해군 사상 첫 오성장군인 체스터 니츠미이다.

"경청은 가장 훌륭한 대화이다."

이는 탁월한 자기계발 동기부여가인 데일 카네기Dale Carnegie가 한 말로 그 또한 남의 말을 잘 들어주는 사람으로서 정평이 나 있다.

'자신보다 우수한 사람을 곁에 모을 줄 알았던 사람, 여기 잠들다.'

이는 강철왕 앤드루 카네기의 묘비명이다. 이 말에서 보듯 카네기가 성공할 수 있었던 가장 큰 힘은 '경청'이었음을 알 수 있다. 카네기는 말단 직원에게도 먼저 다가가 말을 걸었으며, 그 누구의 말도 진지하게 잘 들어준 것으로 유명하다. 그러다 보니 임직원들은 그를 좋아했을 뿐만 아니라 깊이 존경하였다.

니츠미 제독과 데일 카네기, 앤드루 카네기처럼 남의 말을 잘 들어주는 것이야말로 진정으로 말을 잘하는 것이다. 누군가의 환심을 사고 싶다면, 그래서 그와 친해지고 뜻을 이루고 싶다면 상대방보다 말을 많이 하지 말고 진지하게 잘 들어주어야 한다. 경청은 '가장 훌륭한 화법'이다.

20세기 최고의 물리학자이자 노벨 물리학상 수상자인 알베르트 아인슈타인Albert Einstein. 그는 특수상대성이론과 일반상대성이론을 발표함으로써 과학계의 센세이션을 불러일으키며 국제적 명성을 떨쳤다.

어린 시절 아인슈타인은 학교생활에 적응하기 어려워했다. 틀에 짜인 정형화된 교육은 그의 흥미를 끌지 못했다. 일반 학과목에 대해서는 흥미를 갖지 못했으나 수학과 과학에 대해서는 놀라운 집중력을 보였다. 특이한 것은 어머니의 권유로 바이올린을 배웠는데 뛰어난 연주 실력으로 주변 사람들을 놀라게 한 점이다.

아인슈타인은 스위스 취리히 연방 공과대학에서 물리학과 수학을 공부하였다. 대학 졸업 후 스위스 특허사무소 심사관으로 일하며 독일의 유명한 월간 학술지인 〈물리학 연보〉에 〈분자 차원의 새로운 결정A New Determination of Molecular〉 이라는 논문을 게재했고 이 논문으로 취리히대학교에서 박사학위를 취득하였다. 그 해 〈물리학 연보〉

에 4개의 중요한 논문을 발표했는데, 이는 인간이 갖고 있던 우주에 관한 생각을 완전히 바꿔놓았다.

아인슈타인의 특수상대성이론은 〈운동하는 물체의 전기역학에 대하여〉에 처음 실렸다. 특수상대성이론은 '모든 좌표계에서 빛의 속도가 일정하고 모든 자연법칙이 똑같다면 시간과 물체의 관찰자에 따라 상대적이라는 것이다. 그리고 일반상대성이론은 1916년 〈물리학 연보〉에 《일반상대성이론의 기초Die Grundlagen der allgemeinen Relativitatstheorie》로 출판되었다.

1919년 아인슈타인은 국제적으로 명성을 떨치며 지구상에서 가장 위대한 물리학자라는 칭호를 받았다. 국가주의를 반대하고 평화주의 사상 및 유대인으로서 시오니즘 운동을 적극적으로 지지하여 독일 우익 단체의 반발을 사게 된 그는 독일을 떠나 상대성이론을 강의하며 유럽 여러 나라를 순회하였다. 그는 3등 기차를 타고 바이올린을 가지고 다녀 깊은 관심을 끌었다. 1922년 노벨 물리학상을 받은 그는 과학적 진리가 인간성과 독립해 진리로 개념화되어야 한다고 주장하며 "나는 이것에 대해 옳음을 증명할 수 없지만 이것은 나의 종교이다."라고 말한 것으로 유명하다.

1933년 히틀러가 집권하자 미국으로 갔다. 그는 프린스턴대학교 고등연구소에서 수학 과정 기초 임원이라는 직함을 받았다. 독일이 전쟁 준비를 하고 있다고 확신한 그는 유럽 국가들에게 방위력을 무장하도록 독려하였다. 제2차 세계대전이 일어날 것을 예감하고, 독일 과학자들이 원자폭탄을 만들기 전에 빠른 조치를 취하라는 편지를 루스벨트 대통령에게 보냈다. 루스벨트는 이에 발 빠르게 움직여 원자폭탄을 만들었고, 일본 히로시마와 나가사키에 원자폭탄을 투하함으로써 일본을 항복시켰다.

아인슈타인은 원자폭탄을 만드는 일엔 참여하지 않았다. 그러나 아인슈타인과 원자폭탄 즉, 원자시대의 도래는 마치 하나의 끈처럼 연결됐다. 아인슈타인은 미래에 원자폭탄 사용을 막을 방법에 대해 뜻있는 과학자들과 함께 연구하였다. 이를 보더라도 아인슈타인이 얼마나 원자폭탄에 대해 알레르기 반응을 보였는지 잘 알 수 있다. 그는 그만큼 자유와 평화를 사랑한 평화주의자였다.

"정치는 순간을 위한 것이고, 방정식은 영원을 위한 것이다."

이는 아인슈타인이 한 말로 과학자다운 생각이 잘 나타나 있다.

〈타임〉지가 선정한 '20세기 가장 영향력 있는 인물 100인'에 뽑혔으며, 2003년 11월 독일의 공영 TV인 ZDF가 독일 국민을 대상으로 실시한 여론 조사에서 '가장 위대한 독일인 100인' 중 10위에 선정되었다. 아인슈타인은 위트와 유머가 뛰어나 많은 사람들에게 웃음을 주었으며, 치열한 집중이 수반되는 과학자의 길을 걸으면서도 인간애를 잃지 않는 따뜻한 품성을 지녔기에 존경과 긍정적인 평가를 받고 있다. 세기를 넘어 인류 최고의 물리학자인 아인슈타인. 그는 가고 없지만 그의 업적은 인류가 존재하는 한 영원히 빛날 것이다.

아인슈타인은 타고난 천재다. 그의 재능은 천재성으로 인해 빛을 발했고, 그가 20세기 최고의 물리학자가 되는 데 크게 작용하였다. 하지만 아무리 머리가 뛰어나고 재능이 탁월하다고 해도 인간관계가 매끄럽지 않으면 성공할 수 없다. 천재성과 재능이 하나의 도구라면 소통 즉 대화는 그 천재성과 재능을 활짝 꽃피우게 하는 원동력인 것이다.

아인슈타인이 성공할 수 있었던 대화의 기술을 세 가지 관점에서 살펴보기로 하자.

첫째, 남의 말을 잘 들어주는 경청력이 뛰어났다.

자신이 말하기보다 남의 말을 잘 들어준다는 것은 그만큼 마음이 넓고 타인에 대한 이해심과 배려심이 좋아야 할 수 있다. 이런 사람은 마음이 차분하고 여유로워 그 누구와도 친근감 있게 대화를 이어간다. 대개의 사람들은 자신의 얘기를 잘 들어주는 사람을 좋아하고, 그와 좋은 관계를 이어가길 바란다.

아인슈타인은 남의 말을 잘 들어주는 걸로 정평이 나 있다. 경청에 대한 아인슈타인의 이야기이다.

어느 날 제자들이 아인슈타인에게 물었다.

"교수님은 어떻게 성공을 하셨는지요?"

아인슈타인은 질문한 제자에게 말없이 웃음 짓고는 칠판에 'S=X+Y+Z'

라고 썼다. 그리고 제자들에게 이렇게 말했다.

"여기서 'S'는 성공을 뜻하고, 'X'는 말을 많이 하지 말라는 말이며, 'Y'는 지금을 즐기라는 것이며, 'Z'는 한가한 시간 즉 여유를 가지라는 뜻입니다. 이것이 바로 내 성공의 비결입니다."

여기서 우리는 '말을 많이 하지 말라'는 중요한 사실을 알 수 있다. 여기엔 두 가지 의미가 담겨있다. 하나는 '내 얘기를 많이 하기보다는 상대의 말을 많이 들어라'라는 것이고, 다른 하나는 '말을 많이 하다 보면 쓸 말도 많지만 불필요한 말도 많다'는 것을 의미한다.

물론 여기서 보다 중요한 것은 상대방의 말을 잘 들어주는 것이다.

춘추전국시대의 학자이자 사상가인 묵자墨子는 일러 말하기를 "말이 많으면 쓸 말은 상대적으로 적은 법이다."라고 했다. 묵자의 말은 불필요한 말을 삼가라는 의미이지만 이 말속엔 자신이 말하기보다는 상대방의 말을 잘 들어 주라는 숨은 의미도 내포돼 있다.

그렇다. 모든 '화火'의 근본은 '말'에 있다. 그런 까닭에 세계사적으로 볼 때 불필요한 말로 인해 자신의 인생을 망친 사람은 많아도, 말을 적게 해 자신의 인생을 망친 사람은 어디에도 없다. 오히려 말을 줄이고 상대방의 말을 잘 들어줌으로써 성공한 사람은 의외로 많음을 볼 수 있다. 예나 지금이나 남의 말을 잘 들어주는 사람은 누구나 믿음직스럽게 여기고 좋아하는 이유에서다. 아인슈타인은 유머와 호기심이 많고 소탈하면서도 남의 말을 잘 들어주어 다양한 계층의 사람들과 폭넓은 교류를 하며 수많은 인맥을 쌓았다. 그는 당시 벨기에 여왕을 비롯해 미국 루스벨트 대통령, 인도의 시인 타고르, 천재 희극배우 찰리 채플린, 탁월한 정신분석학자 지그문트 프로이트, 이스라엘 대통령 등 이름만 대면 알 수 있는 수많은 이들과 소통하며 자신의 인생을 구가하였다.

이처럼 아인슈타인이 각계각층의 사람들과 인맥을 쌓으며 교류할 수 있었던 것은 '경청'의 힘이었다.

"말을 배우는 데는 2년이 걸리지만 경청을 배우는 것은 60년이 걸린다."

이는 공자孔子가 한 말로 경청한다는 것이 쉽지 않음을 잘 알게 한다.

왜 그럴까. 경청은 단순히 상대방의 말을 들어주는 것이 아니다. 상대방이 자신의 생각을 자연스럽게 말하도록 진지하고 예의 있게 들어야 한다. 경청하는데도 자세가 매우 중요하다.

이에 대해 경영 컨설턴트이자 인간관계 전문가이며 《Yes를 끌어내는 설득의 심리학》의 저자인 레스 기블린Les Giblin은 이렇게 말했다.

"당신이 세상에서 가장 현명하고 지혜로운 사람이라는 확신을 얻는 방법이 하나 있다. 그것은 사람들의 말을 주의 깊게 듣는 것이다. 그 사람 말이 세상에서 가장 재미있는 것처럼 귀를 쫑긋 세우고 듣는 것이다. 그 사람의 말을 중요하게 여기고 한 마디라도 놓치지 않으려고 들으면 당신은 매우 똑똑하고 영특한 사람이 된다. 진짜 멍청한 사람은 늘 듣는 둥 마는 둥 하는 사람이다."

레스 기블린의 말에서 경청의 자세가 얼마나 중요한지를 알 수 있다. 같은 말도 어떤 자세로 듣느냐에 따라 자신에 대한 상대방의 관심도가 달라진다. 즉, 경청은 '고도의 대화술'인 것이다. 아인슈타인의 '경청'은 그가 물리학자로서만이 아니라, 한 인간의 위대함을 드러내게 한 '힘의 원천'이었던 것이다.

둘째, 재치 있는 엉뚱함으로 사람들에게 웃음을 주었다.

사람들 사이에 재치 있고 유머가 있는 사람은 사람들과의 관계가 좋다. 기쁨을 주고 웃음을 주기 때문이다. 이런 사람은 약방의 감초와 같아 분위기 메이커 노릇을 톡톡히 한다. 누구와도 잘 어울리고 유쾌하게 지낸다.

아인슈타인은 재치 있고 유머러스하다. 다소 엉뚱하고 생뚱맞을 때도 있지만 그래서 사람들은 물리학자라는 딱딱한 이미지와는 다르게 그를 좋아하였다.

아인슈타인이 기차여행을 할 때 일이다. 여객 차장이 승차권을 검사하자 아인슈타인은 양복 호주머니에 손을 넣어 승차권을 찾았으나 없었다. 그는 가방이며 바지 주머니를 샅샅이 뒤졌으나 어디에도 없었다. 그러는 사이 차장이 아인슈타인 앞으로 다가와서는 이렇게 말했다.

"박사님, 저는 박사님이 누구신지 잘 압니다. 표를 사셨을 테니 걱정하지 마십시오."

아인슈타인은 차장의 말에 미소 짓더니 계속해서 승차권을 찾았다.

"박사님, 찾지 않으셔도 됩니다. 전 박사님이 누구신지 잘 압니다."

차장은 이렇게 말하며 승차권 찾기를 만류했지만 아인슈타인은 이렇게 말했다.

"나도 압니다. 하지만 승차권은 꼭 찾아야 합니다. 그래야 내가 어디로 가는지를 아는데 승차권이 없으니 어디서 내려야 할지 모르겠군요."

아인슈타인의 말에 차장은 빙그레 웃지 않을 수 없었다.

한번은 이런 일이 있었다. 석유 재벌 록펠러가 연구기금으로 1,500 달러 수표를 보내주었다. 아인슈타인은 수표를 받고 책상 위에 그대로 놔두었다가 며칠 후 책갈피에 끼워두었다. 한참 지나고 나서 수표와 책이 없어진 것을 알고는 연구원에게 이렇게 말했다.

"돈이 좋긴 좋은 모양이구먼. 책까지 돈을 따라갔으니 말이야."

당시로서는 큰돈이 없어졌는데도 이렇게 말한 것으로 유명하다.

또 이런 일도 있었다. 어느 날 기자와 인터뷰를 할 때 일이다. 기자가 아인슈타인에게 물었다.

"박사님, 소리의 속도가 얼마나 되는지요?"

그러자 아인슈타인은 이렇게 말했다.

"잘 모릅니다."

위대한 천재가 기본적인 과학상식을 모른다고 하자 기자는 놀란 얼굴로 되물었다. "모른다니, 그게 무슨 말씀이세요?"

"나는 책을 보면 금방 알 수 있는 지식을 머릿속에 담고 다니지 않는답니다."

아무렇지도 않게 말하는 아인슈타인을 보고 기자는 고개를 좌우로 흔들며 웃었다.

아이를 키우는 학부모는 예나 지금이나 별반 다르지 않다는 것을 알게 하는 이야기가 있다.

한 어머니가 아인슈타인에게 물었다.

"박사님, 어떻게 하면 우리 아이를 박사님처럼 위대한 과학자로 키울 수 있을까요?"

아인슈타인은 빙그레 웃으며 다음과 같이 말했다.

"아무 생각하지 말고 동화책을 많이 읽히세요."

그러자 다른 어머니가 기대감에 잔뜩 부풀어 아인슈타인에게 물었다.

"박사님, 우리 아이한테 동화책을 열심히 읽히고 있는데, 다른 방법은 또 없나요?"

이번에도 아인슈타인은 빙그레 웃으며 말했다.

"그래도 아직 읽을 동화책이 많이 있을 테니 더 열심히 읽히세요."

아인슈타인의 말에 어머니는 눈을 껌뻑이며 고개를 끄덕였다.

이 이야기에서 보듯 아인슈타인은 별말 없이 동화책을 많이 읽히라고 말한다. 이는 무엇을 말하는가. 상상력을 키우게 하라는 말이다. 동화책이야말로 상상력을 기르는 데 매우 유용한 책이다. 아인슈타인은 다소 엉뚱하고 생뚱맞았지만, 그가 하는 말은 많은 사람들에게 웃음을 주고 삶의 지혜가 되어주었다. 사람들은 천재 물리학자의 엉뚱하고 생뚱맞은 재치에 친근감을 느꼈던 것이다. 이와 같은 아인슈타인의 화법은 근엄하고 정숙한 무게 있는 말보다도 때론 더 큰 효과를 준다는 사실을 기억하라. 사람은 누구나 친근하고 재치 있는 사람에게 호감을 더 느끼기 때문이다.

셋째, 있는 그대로 꾸밈이 없고 소탈하였다.

꾸밈없고 소탈한 사람은 상대방에게 경계심을 갖게 하지 않는다. 꾸밈없는 소탈함은 사람 사이를 부드럽고 자연스럽게 이어주기 때문이다. 소탈한 사람은 대개 마음이 따뜻하고, 이해심이 뛰어나며 너그러운 경향이 있다. 그런 까닭에 사람들은 소탈한 사람과 어울리기를 좋아한다.

아인슈타인은 일반인들이 생각하는 딱딱하고 어려운 물리학을 연구하는 학자이지만 매우 소탈하고 꾸밈없는 성격의 소유자였다. 혀를 길게 내놓고 우스꽝스러운 표정을 짓는 그의 사진을 보면 영락없는 일곱 살 개구쟁이 같은 모습이다. 사진의 모습처럼 그는 누구에게나 꾸밈없고 소탈했다. 이에 대한 이야기이다.

아인슈타인이 노벨물리학상을 수상한 후 강연 요청이 쇄도하였다. 같은 얘기를 수없이 반복하다 보니 너무 힘이 들었다. 그의 운전기사는 하도 많이 들어 강의내용을 완전히 암기할 정도였다. 그런데다 생김새나 체격이 아인슈타인과 흡사했다. 그러던 어느 날이었다. 연속적인 강연으로 지친데다 장난기가 발동한 아인슈타인이 운전기사에게 말했다.

"여보게, 다음번엔 자네가 내 양복을 입고 강연을 해보는 게 어떻겠나?"

"제가요?"

"응. 자넨 내 강의를 잘 알지 않는가."

아인슈타인의 말에 운전기사는 그렇게 하겠다고 해서 강연회가 시작되기 전 둘은 양복을 바꿔 입었다. 운전기사는 아주 태연하게 강연을 시작했다. 청중들은 그의 강연을 진지하게 경청하였다. 그의 열띤 강연에 여기저기서 박수가 터져 나왔다. 강연을 마치고 나자 어느 교수가 질문을 했다. 순간 아인슈타인은 가슴이 철렁 내려앉았다. 그러자 운전기사가 말했다.

"아, 그 정도의 질문이라면 우리 운전기사도 답변을 해 줄 수 있습니다. 이보게, 자네가 한번 설명해주도록 하시게."

재치 있는 운전기사의 말에 아인슈타인은 아찔했던 순간을 넘기고 유쾌하게 강연을 마칠 수 있었다.

한번은 이런 일도 있었다. 아인슈타인이 지인들과 함께 프린스턴에서 열린 파티에 참석하였다. 식사를 마치고 즐겁게 얘기하다 보니 시간은 어느새 자정을 넘기고 새벽으로 향하고 있었다. 이때 아인슈타인이 자리에서 일어나더니 미안한 표정을 지으며 말했다.

"이런 말씀을 드리기가 죄송하지만, 인제 그만 돌아가 주셔야겠습니다. 내일 아침 강의가 있어서요."

그러자 파티를 주최한 지인이 말했다.

"알베르트, 여긴 내 집입니다."

그러자 그 자리에 있던 지인들 모두가 유쾌하게 웃었다. 물론 아인슈타인 또한 만면 가득 웃음을 지었다.

이 이야기를 보면 아인슈타인의 천진한 엉뚱함과 소탈함을 알 수 있다. 생각해보라. 20세기 최고의 물리학자인 그가 이처럼 소탈함을 품고 있으니, 사람들이 얼마나 따뜻한 인간미와 친밀감을 느꼈을지를. 사람들은 권위적일 거라고 생각하는 사람이 소탈하고 다소 엉뚱함이 있다면 그 사람에 대해 매력을 느끼게 된다. 왜냐하면 상반된 이미지는 그 사람을 완전히 다른 사람으로 바라보게 만들기 때문이다.

그뿐만 아니라 아인슈타인의 소탈함 속에는 따뜻함이 있다. 그는 평화를 사랑하는 평화주의자이다. 그는 늘 입버릇처럼 평화를 말했고, 평화를 위해 헌신하였다.

"2%의 사람이 병역의 의무를 거부하면 정부는 전쟁을 계속할 수 없다. 병역대상자의 2%를 수용할 수 있는 규모의 감옥이 없기 때문이다."

이는 제1차 세계대전 동안 평화주의를 내세우며 전쟁을 공개적으로 비판한 말로 전쟁을 반대하는 그의 평화주의 사상을 알 수 있다. 아인슈타인은 나치의 미움을 사게 돼 미국에 머물며 평생 물리학을 연구하며 살았지만, 죽을 때까지도 그는 평화에 대한 신념을 버리지 않았다. 아인슈타인은 매우 인간적이었다.

이에 대한 그의 말을 보자.

"나는 이곳 프린스턴 대학에서 생활할 수 있는 특권을 누리고 있다. 그러나 이 작은 대학가에서는 인간 분쟁의 혼란스러운 목소리는 거의 들을 수 없다. 고통 속에서 힘겹게 싸우고 있는 다른 이들을 생각하면 이처럼 평안 속에서 살아가고 있다는 사실이 부끄럽다."

어려운 상황에서 살아가는 조국 동포들의 힘든 고통을 벨기에 여왕에게 보낸 편지에서 토로하는 아인슈타인의 따뜻한 마음을 잘 알 수 있다. 또한 자신만이 편하게 지내는 것에 대한 미안함을 마치 죄를 짓는 심정으로 토로함을 볼 때 인간애 넘치는 그의 모습이 느껴진다.

인간관계에서 소탈한 말과 행동은 사람들의 마음을 편안하게 한다. 그런 까닭에 이런 사람은 주변 사람들과 원만한 관계를 이루며 행복하게 살아가게 된다. 그리고 평화를 사랑하는 따뜻한 마음은 누구에게나 평안함을 준다. 꾸밈없이 소탈하고 평화를 사랑하는 마음, 이는 가장 인간적인 마음이다.

알베르트 아인슈타인의
경청 대화법 적용하기

남의 말을 잘 들어준다는 것은 상대를 배려하고 이해하는 마음이 좋다는 것을 뜻한다. 사람은 대개 자신이 더 많은 말을 하려는 경향이 있다. 그것은 자신이 상대방보다 더 나은 사람임을 은연중 나타내고 싶은 마음에서다. 이는 사람에 따라서는 의도적일 수도 있으나, 자신도 모르게 행하는 본능적 행위이기도 하다.

그런데 문제는 의도적으로 하는 행위가 잘못된 생각이라는 것을 모른다는 것이다. 그러다 보니 자신의 말만 앞세우려 상대방과 충돌을 일으키기도 한다. 하지만 상대방의 말을 잘 들어서 충돌을 빚는 일은 없다. 오히려 자신의 말을 잘 들어주는 사람을 미더워하고 그와 좋은 관계를 맺고 싶어 한다. 경청은 그 자체만으로도 훌륭한 대화인 것이다.

아인슈타인은 경청을 잘한 것으로 알려져 있다. 다소 엉뚱하기도 했지만 위트 넘치는 말속에는 경청의 마음이 물결처럼 잔잔하게 흘러 넘쳤다. 아인슈타인의 성공비결인 경청 대화법을 세 가지 관점에서 살펴보고 그대로 적용해 보도록 하자.

첫째, 남의 말을 잘 들어 주는 것을 습관화하라.

남의 말을 잘 들어준다는 것은 생각보다 쉽지 않다. 천성적으로 남을 말을 잘 들어주는 경우는 더러 볼 수 있다. 그러나 대개는 자신이 대화의 주도권을 쥐려고 한다. 이런 상황에서 남의 말을 잘 들어주기 위해서는 듣는 연습이 필요하다.

듣는 연습을 잘하기 위해서는 인내심을 가져야 한다. 인내심을 갖고 하고 싶은 말은 꾹 참고 무조건 듣기보다는 상대방의 말을 분석해서 듣는 것이다. 이럴 땐 이렇게 하고, 저럴 땐 저렇게 하는 등 상황에 따라 듣는 자세를 달리하는 것이다. 그리고 그에 따라 적절한 반응을 보이면 상대방은 더 신이 나서 말하게 되고, 자신의 말을 다 하고 나서는 매우 만족감을 보이며 자신의 얘기를 잘 들어준 사람에게 좋은 감정을 갖고 썩 괜찮은 사람이라고 믿게 된다.

바람직한 경청의 자세에 대해 프랑스 파리 소르본 대학과 고등 상공학교 부교수이자, 커뮤니케이션 교육회사인 뉘아주 블랑 상토르 이뎁Nuages Blancs Centor Idep의 부사장인 리오넬 벨랑제는 이렇게 말했다.

"사람들의 말을 경청하라. 그들을 분석하고 들어보라. 여러 증언을 종합해 검토하라. 점차 당신은 예리한 인지능력을 갖게 될 것이다. 그리고 편향적이거나 지나치게 자기중심적으로 반응하지 않고 더욱 폭넓게 이해할 수 있을 것이다."

리오넬 벨랑제의 말에서 바람직한 경청의 자세가 왜 필요한지를 알 수 있다. 다음은 경청에 대한 흥미로운 이야기이다.

어느 날 한 젊은이가 아인슈타인을 찾아왔다.

"박사님, 안녕하세요? 박사님께 드릴 말씀이 있어 왔습니다. 잠시만 시간을 내주시겠습니까?"

젊은이는 눈을 반짝이며 말했다.

"그래요? 말해보세요."

아인슈타인의 말에 젊은이는 살며시 미소 짓고는 다음과 같이 말했다.

"저는 어떤 사물도 녹일 수 있는 만능 용매를 발명할 계획을 갖고 있습니다. 이 계획을 반드시 성공시키고 싶은데 박사님께서 보시기에 가능성이 있을까요?"

젊은이는 이렇게 말하고 나서 자신의 생각을 구구절절 늘어놓았다. 아인슈타인은 젊은이의 말을 진지하게 들어주었다. 그리고 젊은

이가 말을 마치고 나자 넌지시 물었다.

"용매를 어떤 용기에 담을 건가요?"

아인슈타인의 말에 젊은이는 아무 말도 할 수 없었다. 용매는 인공적으로 만들 수 있는 것이 아니기 때문이다.

이처럼 아인슈타인은 상대방의 얘기를 듣고는 자신이 생각한 것을 간결하게 들려주었다. 그러면 사람들은 그의 얘기를 귀담아듣고 마음에 새겼다.

이때 중요한 것은 충고하듯이 혹은 설교하듯이 해서는 안 된다. 그러면 잘 들어주고도 상대방으로부터 좋지 않은 평판을 들을 수도 있다. 그러므로 자기 생각을 차분하고 부드럽게 들려주는 것이 좋다.

가령, 상대방이 하는 이야기를 다 듣고 나서 "얘기를 듣고 보니 그 부분은 이렇게 해보는 것도 좋을 듯하군요."라는 말과 "얘기를 듣고 보니 좀 그렇군요. 그 부분은 이렇게 하세요."라는 말 중 어느 말이 거부감 없이 상대방의 마음에 잘 전달될까. 그것은 당연히 첫 번째 말이다. 두 번째 말은 무조건 내 말을 따르라는 식이지만, 첫 번째 말은 권유하는 식이기 때문이다. 이처럼 권유하는 식의 화법은 상대의 마음을 불쾌하게 만들지 않고 순순히 따르게 한다. 이것이야말로 경청의 참된 의미이며 대화법인 것이다.

남의 말을 잘 들어준다는 것은 생각보다 쉽지 않다. 하지만 이 또한 훈련을 통해 얼마든지 기를 수 있다. 남의 말을 잘 듣기 위해서는 어떻게 해야 할까.

남의 말을 잘 들어주는 법

01_ 남이 말할 땐 하고 싶은 말이 있어도 꾹 참고 말을 마칠 때까지 들어주어라. 그와 같이 꾸준히 반복하면 자연스럽게 몸에 배게 된다.

02_ 남이 말할 때 그냥 듣지 말고 공감되는 부분에서는 고개를 끄덕이기도 하고, 미소를 짓기도 하고, 상황에 맞게 리액션을 취하라. 그러면 좋은 사람이라는 인식을 심어주게 된다.

03_ 이야기를 듣다 잘 이해되지 않거나 정확히 알아듣지 못했을 땐 다시 얘기해달라고 말하라.

04- 간혹 마음을 불편하게 하는 말을 하더라도 언짢은 표정을 삼가라.

05_ 아주 진지하고 흥미로운 자세로 들어주어라.

06_ 이야기 도중에 적절한 말로 추임새를 넣어 공감을 표하라.

07_ 이야기를 들으며 그 얘기에 대해 분석하고 이해하여 말이 끝나면 그에 대해 코멘트를 해주어라. 단, 충고하거나 교훈을 주는

듯한 태도는 절대 삼가라.

남의 말을 잘 들어주기 위해서는 '남의 말을 잘 들어주는 법' 일곱 가지를 마음에 새기고 몸에 배도록 연습하여 습관화하라. 한번 몸에 밴 습관이 잊히지 않듯 몸에 밴 '경청 습관' 또한 잊히지 않는다. 경청은 아무리 강조해도 넘치지 않는다. 그만큼 경청은 대화에 있어 매우 중요한 대화법인 것이다.

둘째, 재치 있는 엉뚱함으로 사람들에게 웃음을 주어라.

대개 사람들은 빈틈없고 확고부동한 자세를 가진 사람을 조심스럽게 생각한다. 혹시라도 잘못 말해 쓴맛을 볼 수도 있겠다는 생각에서다. 하지만 재치 있고 엉뚱하고 다소 빈틈이 있는 듯 보이는 사람은 편하게 생각한다. 그런 사람은 빈틈의 허점이 있다고 여겨 경계하는 마음이 엷어지기 때문이다.

물리학자 또는 과학자라고 하면 그 말 자체만으로도 무언가 빈틈없이 꽉 짜여 있는 듯한 느낌이 든다. 마치 한 치의 오차도 없어야 하는 완벽함 같은 기분이 든다. 물리나 과학이란 본질적으로 오차가 있어서는 안 되는 학문이기 때문이다. 그러다 보니 물리를 연구하거나 과학을 연구하는 사람 또한 그럴 거라는 생각이 든다.

그런데 이런 생각을 여지없이 깨뜨려버리는 이가 바로 아인슈타인이다. 빗질하지 않아 마치 새가 집이라도 지을 듯한 헝클어진 머리,

우스꽝스러운 표정은 그가 위대한 물리학자라기보다는 희극배우 같은 인상을 준다. 하지만 그 자연스러운 모습엔 위대한 물리학자로서의 풍미가 담겨 있다. 그는 갖가지 수많은 일화를 남긴 사람으로 오늘날에도 여전히 회자膾炙되고 있다.

어느 날 아인슈타인은 미국의 뉴욕 5번가를 걸어가고 있었고 그 뒤를 발명가 애치슨이 따라가고 있었다. 얼마쯤 걸어가다 그는 빠른 걸음으로 아인슈타인을 따라잡고는 이렇게 말했다.

"허 참, 걸음을 멈추고 선생님을 뒤돌아보는 사람이 없다니 참 이상하네요. 만일 뉴욕에서 제일 예쁜 미녀가 걷고 있다면 모두 뒤를 돌아보겠죠?"

그러자 아인슈타인은 당연하다는 듯이 말했다.

"그런 미인이라면 나보다 보여줄 것이 훨씬 더 많겠지요."

아인슈타인의 말을 듣고 애치슨은 빙그레 웃었다. 역시 박사님은 박사님답구나, 하는 표정이었다.

아인슈타인의 엉뚱함과 재치에 대한 또 다른 이야기이다.

그가 독일을 떠나 미국에 왔을 때, 증권거래인의 꼬임으로 2만 2천 달러의 투기성이 농후한 주식을 사고 말았다. 그 말을 듣고 화가 난 친구가 그 주식을 팔아서 우량주를 사게 했다. 그리고는 자신이 맡아

관리해주었다.

그 후 20년이 지나는 동안 아인슈타인은 한 번도 주식에 관해 묻지 않았다. 어느 날 친구는 아인슈타인에게 말했다.

"여보게, 자네 주식이 그동안 20만 달러가 넘게 되었다네."

그러자 무언가를 생각하고 있던 아인슈타인이 말했다.

"이보게, 난 상대성이론 같은 이야기로 자네를 괴롭힌 적이 없다네. 그러니 자네도 주식이나 증권 같은 걸로 날 괴롭히지 말게나."

아인슈타인의 엉뚱함에 친구는 껄껄대고 웃었다. 그의 엉뚱함에 역시 그다운 말이라고 생각했다.

앞의 이야기에서 보듯 아인슈타인은 엉뚱함과 재치로 친구들이나 사람들에게 웃음을 주었다. 이러니 어찌 그를 좋아하지 않을 수 있을까.

재치 또는 엉뚱 발랄함은 천성적인 것이지만, 학습이나 연습으로 얼마든지 기를 수 있다. 재치와 엉뚱함을 기르기 위해서는 어떻게 해야 할까.

재치와 엉뚱함을 기르는 법

01_ 재치와 엉뚱함은 천성적으로 타고 나야 하지만 같은 말도 재치

있게 하도록 연습하라. 재치 또한 연습으로도 얼마든지 기를
수 있다.

02_ 재치 있는 사람을 유심히 관찰하여 그가 하는 대로 따라서 하
라. 재밌는 억양이나 행동이 뒷받침되면 대화를 함에 있어 한
결 흥미로움을 끌 수 있다.

03_ 언어의 순발력을 길러라. 톡톡 튀는 유행어를 상황에 맞게 활
용하라. 다소 어색하고 서툴어도 자꾸 반복하다 보면 능숙하
게 된다.

04_ 자신이 말하는 내용에 맞게 익살스럽게 행동하라. 의도적인 익
살스러움이라도 상대의 마음을 편안하게 해 대화를 자연스럽
게 하게 한다.

05_ 빈틈 있는 허술함은 상대방의 경계심을 풀게 한다. 마음이 빡
빡하지 않고 여유가 있다고 믿기 때문이다.

상대방과의 대화에서 흥미를 주고 재미를 연출하기 위해서는 '재
치와 엉뚱함을 기르는 법' 다섯 가지를 꾸준히 반복하여 연습하면 긍
정적인 효과를 거둘 수 있다.

다소 엉뚱하지만 재치 있는 말은 둘 사이를 화기애애하게 만들고
친밀감 있는 관계로 만들어준다. 가끔은 아인슈타인이 했던 엉뚱함
과 재치의 화법을 적용해보라. 의외로 좋은 반응을 얻게 될 것이다.

셋째, 꾸밈없이 소탈하게 말하고 행동하라.

자로 잰 듯 반듯한 차림새나 단정한 외모를 한 사람은 가까이 다가 가기가 조심스럽다. 말 한마디라도 할라치면 은근히 신경이 쓰인다. 이런 사람은 허점이 드러나지 않아서다. 그러나 꾸밈이 없고 소탈한 사람은 무슨 말을 해도 다 받아줄 것만 같고, 가벼운 장난이나 농담 을 해도 싫어하거나 화를 내지 않을 것 같다는 생각이 든다.

이렇듯 차림새나 외모에 따라 사람들이 생각하는 것은 비슷하거나 같다고 할 수 있다. 이런 관점에서 볼 때 꾸밈없는 소탈함은 대화에 있어 상대방을 편안하게 하고 친밀감 있게 서로를 이어준다. 아인슈 타인은 꾸밈없고 소탈하여 늘 주변 사람들을 즐겁게 했다. 이에 대한 이야기이다.

아인슈타인이 프린스턴 대학 교수가 되어 마서 스트리트 112번지 로 이사하였다. 간소한 가재도구와 소박한 집이 그를 즐겁게 했다. 인근에 12세 소녀가 살고 있었는데 소녀는 매일 학교에 다녀오다 아 인슈타인의 집에 들렀다 가곤 했다. 이를 궁금하게 여긴 소녀의 어머 니가 아인슈타인을 방문하였다.

"박사님, 우리 아이가 학교를 다녀오다 매일 이곳에 들렀다 오는데 방해가 되지는 않으세요?"

"아니요, 전혀."

소녀 어머니의 말에 아인슈타인은 아무렇지도 않게 말했다. 그 모습을 보고 소녀의 어머니가 다시 말했다.

"박사님, 우리 아이하고는 무슨 얘기를 나누시나요?"

아인슈타인은 빙그레 웃으며 말했다.

"따님은 내게 쿠키를 갖다주고 나는 따님에게 수학을 가르쳐준답니다."

천진난만한 표정으로 소박하게 이야기하는 아인슈타인의 말에 소녀의 어머니는 그에게 매우 친근감을 느꼈다고 한다.

아인슈타인의 소탈함을 볼 수 있는 다른 이야기이다.

어느 날 교수회에서 상대성 이론을 간단하게 설명해 달라는 부탁을 받았다. 그러자 아인슈타인은 난처한 표정을 지으며 말했다.

"그랬으면 좋은데 그건 불가능합니다."

아인슈타인의 말을 듣고 한 교수가 자기가 대신 설명해 보겠다고 말했다. 그 교수는 20분 동안이나 말했지만 영 시원치 않자 총장이 중단시키고 이렇게 말했다.

"아인슈타인을 이해할 수 있는 사람은 열 사람이 있을지 몰라도 자네의 말을 이해할 사람은 한 사람도 없다네."

총장의 말을 듣고 아인슈타인은 풀이 죽어 있는 교수를 위로하며 말했다.

"독일에서는 나치즘에 물든 학자들이 백 명이나 모여 제 이론이 헛

소리라는 걸 증명하기 위해 책을 썼지요. 하지만 만일 제 이론이 잘못됐다면 백 명이나 되는 학자들이 필요 없답니다. 단 한 사람이면 충분하니까요."

아인슈타인의 말에 풀죽었던 교수의 얼굴엔 잔잔한 미소가 번져났다. 그 교수를 비롯해 그 자리에 있던 교수들은 아인슈타인의 꾸밈없는 소탈함에 환하게 웃었다.

아인슈타인은 수학에 관한 한 천재 중의 천재였다. 그런 그가 세금 따위를 내는 일에서는 매우 서툴렀다.

한 번은 프린스턴 북 숍 서점의 점원이 소득세에 관한 안내 책자를 보고 있는 아인슈타인을 보고 필요하냐고 물었다.

"박사님, 그 책이 필요하세요?"

"천만에요."

아인슈타인은 손을 가로저으며 말했다.

"그럼 왜 그 책을 보고 계세요?"

"그냥 한 번 봐봤어요. 세금 계산하는 것만도 골치가 아픈데 세금 내는 책을 읽어보라니요."

아인슈타인의 말에 서점 직원은 고개를 살랑살랑 흔들며 웃었다. 수학 천재가 세금을 안내하는 책이 골치 아프다는 말이 너무도 우스웠기 때문이다.

아인슈타인은 그 누구 앞에서도 가식이 없었다. 그냥 자신이 생각하는 것을 아무렇지도 않게 말했다. 사람들은 그런 소탈함에 그를 좋아하고 존경했던 것이다.

대개의 사람은 매끄럽고 완벽함을 추구하는 사람을 부러워하지만, 막상 그 사람을 가까이하는 것은 주저한다. 편안하지 않고 불편하기 때문이다. 그러나 꾸밈없고 소탈한 사람은 가까이하려고 한다. 함께 하기에 편안하고 거리낌이 없다고 믿기 때문이다.

꾸밈없이 소탈하게 말하고 행동하기 위해서는 연출이 필요하다. 즉, 자신을 그런 사람으로 만들어야 한다. 꾸밈없이 소탈하게 말하고 행동하기 위해서는 어떻게 해야 할까.

꾸밈없이 소탈하게 말하고 행동하는 법

01_ 가식적인 말과 행동은 상대방이 금방 알아차려 별 흥미를 주지 못한다. 오히려 역효과를 줄 수 있다. 억지로 꾸미지 말고 있는 그대로의 모습을 자연스럽게 보여주어라.

02_ 자신을 너무 내세우려고 티를 내지 마라. 이는 상대방에 따라 다소 차이는 있을지 몰라도 대개는 거부감을 나타낼 수 있다. 웃을 땐 웃고, 가끔은 허점 있는 모습을 보여줘도 좋다. 그렇

게 될 때 상대방은 더 친근하게 다가오게 된다.

03_ 상대방이 말을 할 때 재밌거나 익살스러울 땐 재밌는 표정을 지으며 웃어주어라. 그리고 추임새를 놓듯 적극적으로 호응하는 모습을 보인다면, 상대방은 꾸밈없고 소탈한 사람으로 인식하게 된다. 그렇게 되면 상대방과 한층 더 가까워짐으로써 좋은 관계를 이어가게 된다.

04_ 사람들은 대개 말과 행동거지가 반듯한 사람을 조심스럽게 생각해 가까이 다가오길 꺼린다. 가끔은 의도적으로라도 허점을 보여주는 것이 상대방과의 관계 형성에 큰 도움이 된다.

사람들과의 대화에 있어 꾸밈없고 소탈하게 말하고 행동하기 위해서는 앞에 제시한 '꾸밈없이 소탈하게 말하고 행동하는 법' 네 가지를 꾸준히 실천하라. 몸에 배게 되면 사람들과의 만남에서 좀 더 자연스럽게 대화하고 소통하게 됨으로써, 격의 없는 좋은 관계를 이어가게 된다.

삶을 살아가면서 아인슈타인이 행했던 꾸밈없는 소탈함과 경청 대화법을 몸에 익힌다면 자신이 원하는 인생을 살아가는 데 큰 도움이 될 것이다.

04

솔직하고 정직한
믿음 대화법

조지프 퓰리처
(Joseph Pulitzer 1847~1911)

헝가리계 유대인이고 미국 이민자이며 언론인으로 현대 신문의 정형
定型을 이룬 저널리즘의 선구자이다. 퓰리처상을 제정했다.

인간관계에서 상대가 나를 신뢰하게 하는 중요한 소통의 포인트는
'믿음'이다. 믿음이란 '어떠한 사실이나 사람을 믿는 마음'이란 뜻으
로 이는 어떠한 가치관, 종교, 사람, 사실 등에 대해 다른 사람의 동
의와 관계없이 확고한 진리로 받아들이는 개인적인 심리상태를 말
한다. 그러니까, 어떤 일에 있어 상대가 믿게끔 하는 '행위의 본질'을

말한다고 하겠다. 이런 까닭에 믿음이 좋은 사람은 신뢰를 주게 되고, 상대와 좋은 관계를 이어가게 된다. 믿음의 중요성에 대해 미국의 교육자이자 사회주의 운동가인 헬렌 켈러Helen Keller는 다음과 같이 말했다.

"믿음은 산산이 조각난 세상을 빛으로 나오게 하는 힘이다."

헬렌 켈러의 말에서 보듯 '믿음의 힘'이 얼마나 크게 작용하는지를 알 수 있다. 산산조각이 난 세상을 하나로 모아주는 것이 믿음인 것이다. 그러나 이와 반대로 믿음이 없다면 혹은 믿음을 잃는다면 단단한 인간관계도 부서지고 만다.

신부족언 유불신언信不足焉 有不信焉이란 말이 있다. 이는 노자의 《도덕경道德經》 17장과 23장에 나오는 말로 '믿음이 부족하면 불신이 생긴다.'라는 뜻으로 '믿음이 가지 않으면 믿고 따르지 못한다.'라는 말이다.

옳은 말이다. 신뢰가 가지 않는데 어떻게 믿고 따를 수 있을까. 그 대상이 대통령이든, 정부든, 장관이든, 국회의원이든, 변호사든, 의사든, 교수든 그 누구라 할지라도 믿음이 부족하면 믿고 따르지 못하는 것은 당연지사다. 상대방에게 믿음을 주기 위해서는 상대방이 믿을 수 있도록 언행에 신중함을 기해야 한다. 인간관계에서 믿음과 신뢰의 중요성을 잘 알게 하는 이야기이다.

"그저께 선생께서 해진 옷 속에서 꺼내 주신 큰돈을 받아 갈 때 눈물이 나더이다. 일전에 민단 사무실 직원들이 밥을 굶은 듯하여, 제 돈으로 국수를 사서 같이 먹은 일이 있습니다. 그런데 생각지 못한 돈뭉치를 믿고 주시니 아무 말도 못 하겠더이다. 제가 이 돈을 마음 대로 써 버리더라도, 선생님은 불란서 조계지에서 한 걸음도 못 나오실 터이지요. 과연 영웅의 도량이십니다. 제 일생에 이런 신임을 받은 것은 선생께 처음이요 마지막입니다."

이는 이봉창이 한 말로 그가 일본으로 천황을 제거하는 거사를 벌이러 갈 때 김구는 그에게 폭탄 두 개와 돈 300원을 주었다. 그리고 말하기를 이 돈을 동경에 도착하기 전에 다 쓰라고 하면서, 동경에 도착해서 전보를 하면 다시 돈을 보내주겠다고 했다. 거사를 벌이고 마지막 가는 길에 그에 대한 아낌없는 사랑과 예우를 보여주었다. 김구의 믿음과 신뢰에 감사한 마음을 이처럼 표현한 것이다.

이 이야기에서 보듯 김구가 이봉창에게 보여준 믿음과 신뢰는 '믿음과 신뢰'의 '본本'이 무엇인지를 잘 알게 한다.

그리고 역으로 누군가를 자신이 먼저 믿고 신뢰하면 상대 또한 자신을 신뢰하게 된다. 상대는 자신을 믿어주고 신뢰했다는 사실만으로도 감사한 마음을 갖게 되고 그것은 반사적으로 자신을 믿고 신뢰해준 사람에게 자신 또한 그렇게 행하게 된다. 이에 대해 미국의 사상가이자 시인인 랠프 왈도 에머슨Ralph Waldo Emerson은 다음과 같이 말했다.

"누군가를 신뢰하면 그들도 당신을 진심으로 대할 것이다."

그렇다. 상대가 자신을 믿고 신뢰하게 언행에 신중을 기하든 자신이 먼저 상대를 믿고 신뢰함으로써 상대로부터 믿음과 신뢰를 얻든 간에, 믿음과 신뢰는 인간이 살아가는 데 있어 가장 근본적이면서 가장 소중하게 여겨야 할 핵심적인 마인드인 것이다.

그렇다면 인간관계에 있어 믿음과 신뢰의 핵심은 무엇인가.

그것의 가장 근본적이고 보편적인 것은 '정직'과 '책임'이며 이것이 언행일치가 될 때 완벽한 믿음과 신뢰를 얻게 되는 것이다.

특히, 대화에 있어 '믿음 화법'은 매우 중요하다. 상대에게 믿음과 신뢰를 주기 위해서는 정직한 모습을 보여주어야 한다. 서양 속담에 '정직은 최대의 방책'이란 말이 있듯 정직은 믿음과 신뢰를 낳게 하는 소통의 핵심이다. 정직이 인간관계에 미치는 영향의 중요성에 대해 레바논계 미국 시인이자 수필가인 칼릴 지브란Kahlil Gibran은 이렇게 말했다.

"정직한 사람들 이외에는 아무도 진실한 사람들을 믿어주지 않는다."

정직하지 않으면 아무도 믿어주지 않는다는 칼릴 지브란의 말은 '정직'이 인간관계에 있어 얼마나 중요한 작용을 하는지를 잘 알게 한다.

또한 《마케팅 불변의 법칙》 저자이자 세계적인 마케팅 전략가인 알

리스 잭 트라우트는 "'정직'은 상대방의 경계심을 무장해제 시킨다는 점을 간과해서는 안 된다."라고 말했는데, 정직하면 상대방의 믿음을 사기 때문이다. 칼릴 지브란이나 알 리스 잭 트라우트의 말을 보더라도 정직한 마음에서 우러나는 '말'은 상대방이 누가 됐든 믿음을 갖게 하는 '믿음 대화법'의 핵심 포인트이다.

조지프 퓰리처의
믿음 대화법

헝가리계 유대인 미국 이민자로 현대 신문의 틀을 정립시키며 퓰리처상을 만들어 신문 발전에 지대한 업적을 이룬 조지프 퓰리처Joseph Pulitzer는 아메리칸드림을 꿈꾸며 17살 때 미국으로 갔다. 당시는 남북전쟁이 한창때였는데 그는 살기 위해 북군의 용병으로 전쟁에 참여하였다. 전쟁이 끝난 후에는 짐꾼, 웨이터, 노새 몰이꾼 등 무슨 일이든 가리지 않고 닥치는 대로 했다. 그렇게 열심히 일했지만 낯선 나라에서 살아가기란 쉽지 않아 때로는 노숙자로 전전하기도 했다.

그러던 어느 날 그는 사탕수수 농장에 취직시켜주겠다는 꼬임에 빠져 가지고 있던 얼마간의 돈을 모두 날리고 말았다. 그러나 이 일은 그에게 신문이라는 전혀 생각지도 않았던 길로 나가는 계기가 되었다. 그는 자신의 억울함을 호소하기 위해 자신이 당한 일을 글로 써서 신문사에 투고하였는데, 편집국장이 그의 글솜씨를 보고 그를 기자로 전격 특채하였던 것이다. 신문사 이름은 세인트루이스 독일 어 신문사인 〈베스틀리헤 포스트〉이었다.

퓰리처는 물 만난 물고기처럼 연일 특종을 쏟아냈고 성과를 인정 받아 편집장이 되었다. 뜻하지 않게 신문기자가 된 그는 자신이 그렇게 되리라고는 전혀 생각지도 못했지만 신문의 매력에 푹 빠지게 되었다. 전화위복轉禍爲福이란 말은 마치 그를 두고 생긴 말처럼, 돈을 잃은 일은 '화禍'가 되었지만 그 일이 '복福'이 되어 그의 인생을 완전히 뒤바꿔 놓았던 것이다.

편집장이 된 퓰리처는 자기 삶의 보폭을 넓혀나가며 더 나은 내일을 위해 차근차근 준비를 해나갔다. 그리고 기자 생활 10년 만에 마침내 〈세인트루이스 디스패치St. Louis Dispatch〉를 인수하고 곧이어 〈세인트루이스 포스트St. Louis Post〉를 인수하여 두 신문사를 합병해 〈포스트 디스패치Post Dispatch〉를 창간하였다. 이 신문은 세인트루이스 최고의 석간신문이 되었다.

퓰리처는 일하는 즐거움에 푹 빠져 점심은 건너뛰고, 저녁도 되는 대로 먹으면서 하루 16시간 이상을 일하며 새벽 4시가 되어서야 잠 자리에 들었다. 힘들어도 힘든 줄 몰랐고, 고단해도 고단한 줄 몰랐다. 그런 노력 끝에 4천 부에 불과했던 발행 부수는 3년 만에 2만 3천

부로 늘었고, 1879년에는 4개의 지면을 8개로 늘렸다. 그는 승승장구하며 뉴욕에 진출하여 〈뉴욕 월드New York World〉를 인수해 이름을 〈월드World〉로 바꿔 발행했다. 1만 부였던 발행 부수를 100만 부로 확장하고 자신의 능력을 유감없이 발휘하며 사람들을 놀라게 했다.

신문에 대한 퓰리처의 도전은 멈출 줄 모르고 계속해서 앞으로 나아갔다. 그는 1887년 〈월드〉의 자매지인 〈이브닝 월드Evening World〉를 창간했다. 그는 자신이 마음먹은 것은 반드시 실천으로 옮겼고, 어떤 상황에서도 자신의 목표를 꼭 이루어내는 강한 집념을 보였다. 사람들은 그를 보고 의지의 사나이, 집념의 언론인이라는 말로 그의 열정에 아낌없는 찬사를 보냈다. 그만큼 신문에 대한 그의 노력을 높게 평가한 것이다.

퓰리처는 정치에도 관심을 기울여 1869년에 미주리 의회에 진출하였다. 그는 미주리주에서 자유 공화당 창당을 돕고 호레이스 그릴리를 대통령 후보로 지지하며 열심히 도왔지만, 당이 붕괴하자 민주당 당원이 되어 평생을 민주당 당원으로 남았다.

퓰리처는 신문 발행에 있어 사실적 보도를 원칙으로 했으며, 취재 대상자가 대통령이든, 정치가든, 기업가든, 종교인이든 가리지 않았다. 그는 또 신문은 국민의 알 권리를 대변하는 정론지의 역할을 다해야 한다는 자신의 신념을 흔들림 없이 보여줌으로써 국민에게 아낌없는 신뢰를 받았다.

풀리처가 지향했던 언론인으로서의 철학인 원칙에 입각한 사실 보도는 언론이 반드시 갖춰야 할 정형定型으로서 좋은 본보기가 되었다. 그는 세계 언론역사에 전설로 남은 진정한 언론인이다.

풀리처가 언론인으로서 성공할 수 있었던 그만의 '믿음 대화법'을 세 가지 관점에서 살펴보기로 하자.

첫째, 사실에 입각해 말함으로써 믿음과 신뢰를 주었다.

상대방과의 대화에 있어 믿음과 신뢰를 얻기 위해서는 매사에 솔직하고 정직해야 한다. 솔직하고 정직하면 누가 됐던 그를 믿게 되고, 그의 말이라면 팥으로 메주를 쑨다고 해도 믿게 된다. 정직한 사람을 남을 속이지 않는다고 믿기 때문이다.

특히, 신문 등 언론은 사실에 근거해 보도해야 한다. 사실이 아닌 것을 사실인 것처럼 보도하면 당장은 믿겠지만 시간이 흘러 사실이 아니고 잘못된 오보였다고 하면 사람들부터 비판을 받게 되고 부정적인 이미지를 심어주게 된다. 이를 너무도 잘 알고 있었던 풀리처는 사실에 입각한 정직한 보도로 사람들에게 신뢰를 받으며 언론인으로서 본분을 다했다.

"항상 진보를 위해 싸워야 한다. 부당함에 맞서고 부패를 결코 묵인해서는 안 된다. 항상 모든 당파의 선동가들과 싸워야 한다. 결코 어떤 당파에도 소속되어서는 안 된다. 힘 있는 특권 계층과 공공재산의 은닉에 항거하라. 가난한 사람들에 대해 애정과 관심을 기울이고, 항상 대중의 복지에 헌신해야 한다. 단순히 뉴스를 알리는 것만으로 만족해서는 안 된다. 항상 철저하게 언론의 독립을 지켜야 한다. 약탈적인 금권에 의한 것이든 약탈적인 빈곤에 의한 것이든 무엇이든 잘못된 일은 사실대로 보도하는 것을 두려워해서는 안 된다."

이는 퓰리처가 한 말로 언론에 대한 그의 신념을 알 수 있다.

퓰리처는 사실대로 보도하기 위해서는 언론의 독립성이 보장되어야 한다고 생각하고 그대로 실천하였다. 권력가든, 기업가든, 종교인이든, 정치가든 잘못이 있으면 퓰리처의 예리한 비판의 칼날을 피해 가지 못했다. 이에 대해 제26대 시어도어 루스벨트 대통령은 퓰리처의 언론 정신에 대해 극찬을 아끼지 않았다. 그런데 루스벨트의 국가경영에 문제가 있다고 확신한 퓰리처는 사실대로 취재하여 보도하였다. 다음은 이에 대한 일화이다.

미국 정부는 파나마 운하의 부설권을 프랑스로부터 양도받아 일을 진행하고 있었다. 그런데 이 과정에서 공직자의 뇌물수수 사건과 부정행위가 드러났다. 어렵게 일을 진행하는 관계로 루스벨트는 조용히 덮어두고자 했다.

"이 일이 알려지면 미국 공직사회의 불신을 사게 될 것이오. 그러니 모른 척 그냥 넘어가 주시오."

루스벨트는 이 사실을 알고 있는 퓰리처를 불러 정중하게 말했다.

"각하의 말씀은 잘 알겠지만, 이를 모른 척한다면 이보다 더한 사건이 일어나고 그때는 지금보다 더 큰 불신을 사게 될 것입니다. 알릴 것은 알리고 용서를 구하는 것이 더 현명할 수 있습니다. 그리고 공직자들 또한 경각심을 갖게 될 것입니다."

퓰리처는 루스벨트의 말에 자기 생각을 또박또박 말했다.

"나도 압니다. 하지만 이번 일은 내 말 대로 그냥 넘어가 주시오."

"각하, 저는 사실을 정직하게 국민에게 알려야 할 사명을 가진 언론인입니다. 제가 그렇게 한다는 것은 저를 속이는 일이자 국민을 속이는 일입니다. 죄송하지만 저는 그렇게 할 수 없습니다."

퓰리처는 정중하게 요청하는 루스벨트에게 자기 생각을 굽히지 않았다. 순간 루스벨트의 얼굴이 발갛게 달아올랐다. 한낱 언론인에 불과한 그가 대통령인 자신의 말을 거절한다는 것이 몹시 언짢았던 것이다. 하지만 루스벨트는 표정을 가다듬고 말했다.

"이보게 퓰리처, 부탁하오."

퓰리처는 루스벨트의 말에 아무 말 없이 고개를 끄덕이며 의미심장한 미소를 짓고는 대통령 집무실을 나왔다. 그리고는 신문사로 돌아와 사실대로 보도할 것을 편집부에 지시하였다.

다음날 퓰리처가 경영하는 신문 〈뉴욕월드〉 지에 대서특필로 이 사건이 보도되었다. 이를 알게 된 국민들은 미국 행정부를 비판하였고, 루스벨트는 대로하여 말했다.

"이 사람이 정말? 대통령 알기를 우습게 아는구먼. 내 그대로 둘 수 없지."

루스벨트는 비서진에게 자제를 요청하라고 지시해 비서진이 퓰리처에게 말했지만, 퓰리처는 연일 이 문제를 심도 있게 다루며 국민에게 알렸다. 루스벨트는 이에 분노하며 퓰리처를 고소했고, 이 사건은 대법원까지 올라가 결국 퓰리처의 승소로 판결이 내려졌다.

이 일로 사이좋았던 퓰리처와 루스벨트는 사이가 벌어지고 말았다. 신문발행인으로서의 퓰리처의 사명감과 책임감에 대해 잘 알 수 있는 사건이었다. 대통령이란 막강한 권력에도, 또 그와의 친분이 막역했음에도 불구하고 퓰리처는 국민의 알 권리를 위해 펜을 높이 들었다. 이 일의 내막을 알게 된 국민들은 퓰리처의 용기 있는 행동에 아낌없는 박수를 보내며 언론인으로서의 그의 철학에 깊은 존경심을 나타냈다. 이 일을 계기로 퓰리처는 한층 더 부각됨으로써 그의 신문사는 더욱 발전하는 발판을 마련하였다.

둘째, 뜨거운 열정으로 상대의 마음을 끌어당겼다.

뜨거운 열정은 사람들의 마음을 끌어당기는 강한 마력이 있다. 열정으로 가득 찬 사람을 싫어하는 사람은 없다. 그에게 강한 에너지가 뿜어져 나와 그와 함께하면 자신에게도 좋은 일이 있을 거라는 확신을 주기 때문이다.

남북전쟁이 한창일 때 아메리칸드림을 꿈꾸며 혈혈단신 미국으로 간 퓰리처는 살기 위해 북군의 용병으로 전쟁에 참여하였다. 전쟁이 끝난 후에는 짐꾼, 웨이터, 노새 몰이꾼 등 무슨 일이든 가리지 않고 닥치는 대로 했다.

"저에게 일할 기회를 주세요. 후회하지 않도록 열심히 하겠습니다."

퓰리처는 무슨 일을 하더라도 항상 상대방에게 자신을 믿어달라고 말했다. 그것은 자신을 믿어주면 상대가 '후회하지 않도록 하겠다'는 자신의 다짐을 스스로가 확인하는 식의 화법이었다. 이는 단순한 말인 것 같지만 상대방에게는 자신을 믿게 하는 강한 힘으로 작용한다. 사람들은 그가 비록 나이 어린 청소년이었지만 그를 믿고 일을 하게 했다. 그렇게 열심히 일했지만 낯선 나라에서 살아가기란 쉽지 않아 때로는 노숙자로 전전하기도 했다.

그러던 어느 날 그는 사탕수수 농장에 취직시켜주겠다는 꼬임에 빠져 가지고 있던 얼마간의 돈을 모두 날리고 말았다. 퓰리처는 상심이 되었지만, 그대로 있을 수 없어 억울함을 호소하기 위해 자신이 당한 일을 글로 써서 신문사에 투고했다.

그런데 이 일은 그에게 신문이라는 전혀 생각지도 않았던 길로 나가는 계기가 되었다. 그의 글솜씨를 보고 편집국장이 그를 신문사로 불러서 말했다.

"퓰리처, 우리 신문사에서 일해보지 않겠나?"

편집국장의 뜻밖의 말에 퓰리처는 한 치의 망설임도 없이 자신감 넘치는 목소리로 말했다.

"무슨 일이든 시켜만 주신다면 후회하시지 않도록 하겠습니다."

"그래? 알았네. 그럼 내일부터 우리 신문사 기자로 채용하겠네."

"네? 저, 저를, 기자로 채용하시겠다고요?"

퓰리처는 생각지도 못한 말에 너무 놀라 더듬거리며 말했다. 그의 모습을 보고 껄껄 웃으며 편집국장이 말했다.

"그렇다네. 그러니 내일부터 출근하도록 해."

신문사 기자로 채용한다는 편집국장의 말은 그에게는 마치 천사의 말처럼 들렸다. 빈털터리인 그는 당장 무슨 일이라도 하지 않으면 안 되는 상황이었다. 그런데 전혀 생각지도 못한 신문 기자로 채용한다고 하니 그야말로 개천에서 용이 된 기분이었던 것이다.

"가, 감사합니다. 죽을힘을 다해 일하겠습니다."

"하하, 알겠네. 열심히 해주게."

자신을 기자로 채용하겠다는 편집국장의 말은 퓰리처에게 큰 희망을 주었다. 그는 신문사를 나오며 두 주먹을 불끈 쥐었다. 편집국장이 그의 글솜씨를 보고 그를 기자로 전격 특채하였던 것이다.

퓰리처는 밤낮으로 기사를 찾아 온 도시를 샅샅이 훑고 다녔다. 어린 나이라고는 도무지 믿기지 않는 열정이었다. 그는 물 만난 물고기처럼 연일 특종을 쏟아냈다.

"역시, 내 눈이 정확했어."

편집국장은 퓰리처를 특채한 자신의 결단에 만족감을 표했다.

그러던 어느 날 편집국장이 그에게 말했다.

"퓰리처, 내일부터 자네에게 편집장을 맡기겠네."

"네, 제, 제게요?"

편집장을 맡기겠다는 편집국장의 말에 그는 깜짝 놀라서 말했다. 그도 그럴 것이 편집장이 되려면 오랜 시간을 거쳐야 하는데, 기자일을 한 지 얼마 안 되어 편집장을 맡기겠다고 하니 놀라는 건 당연한 일이었다.

"하하, 그렇다네. 그러니 지금처럼 열심히 해주게."

"감사합니다. 분골쇄신粉骨碎身하는 마음으로 열심히 하겠습니다."

퓰리처는 성과를 인정받아 편집장이 되었다. 뜻하지 않게 신문기자가 된 그는 자신이 그렇게 되리라고는 전혀 생각지도 못했다. 그는 신문의 매력에 푹 빠지고 말았다.

"가난한 사람들에 대한 연민을 가져라. 항상 대중의 복지에 헌신하라. 뉴스를 단순히 인쇄하는 것만으로 만족해서는 안 된다. 잘못된 일을 공격하는 걸 결코 두려워해서는 안 된다."

이는 퓰리처가 한 말로 신문기자의 사명은 가난하고 힘없는 억울한 사람들을 위하고, 대중에게 헌신하고, 사회의 정의를 위하고, 잘 못된 일을 바로잡는 일이라는 것을 잘 보여 준다.

뜨거운 열정으로 가득 찬 퓰리처의 철학은 국민에게서 열렬한 지지를 받았다. 그리고 그는 자신의 신문사를 갖게 되는 그야말로 '무'에서 '유'를 창조하였다.

셋째, 책임감과 신념으로 상대방을 사로잡았다.

인간관계 또는 사회생활에 있어 책임감과 신념은 매우 중요한 작용을 한다. 책임감이 강하면 사람들에게 믿음을 주고 그를 신뢰해도 좋겠다는 확신을 하게 된다. 또한 강한 신념은 자신을 믿고 따르게 하는 인생의 보증수표와 같다.

왜 그럴까. 책임감이 강하고 신념이 강한 사람은 성실하다고 믿기 때문이다. 다시 말해 성실한 사람치고 책임감과 신념이 강하지 않은 사람은 없다. 성실의 중요성에 대해 홍자성이 쓴 《채근담採根譚》에는 다음과 같은 말이 나온다.

"사람을 믿는다는 것은 사람이 반드시 모두 성실하지 못하더라도 자기만은 홀로 성실하기 때문이며, 사람을 의심하는 것은 사람이 반드시 모두를 속이지 않더라도 자기가 먼저 자신을 속이기 때문이다."

이는 사람을 믿고 신뢰하는 사람의 성실함을 뜻하는 말로 스스로 자신을 속이는 사람은 남을 믿고 신뢰할 수 없다는 것이다. 아주 적확한 지적이라고 하겠다.

대개 믿음과 신뢰성이 좋은 사람은 성실하다. 책임감 또한 강하다. 자신이 성실하고 책임감이 강하면 믿음과 신뢰성 또한 강해지기 때문이다.

퓰리처의 신문에 대한 열정과 헌신은 그야말로 대단했다. 그것은 돈을 벌기 위해 또는 신문을 발행하는 업을 가진 자로서 마땅히 하는 일로 치부하기엔 너무도 숭고한 사명과도 같았다. 그는 언제나 불의에 맞서 사실적 보도에 충실하다는 찬사를 받았다.

그런데 다른 한편으로는 각종 범죄와 스캔들 등을 과대하게 취재하여 보도함으로써 선정주의를 부추겨 상업적 이윤을 보려는 '황색언론'이라는 비판을 받기도 했다.

"나는 황색언론이란 것에 대해 거부하지 않는다. 더 나은 신문을 만들기 위해서는 돈도 필요하다. 그러기 위해서는 상업주의 또한 신문에 적용할 수 있는 것이기 때문이다."

퓰리처는 황색 언론인이라는 비난에 대해 전혀 개의치 않았으며 그것 또한 어쩔 수 없이 받아들여야만 하는 일이라고 생각했다. 왜냐하면 이익을 창출하지 못하면 신문을 만들 수 없기 때문이라는 생각에서다. 이처럼 퓰리처는 정론지라는 신문의 사명과 상업주의 사이에서 언제나 중심을 잃지 않으려고 하였다. 그의 뜨거운 열정과 헌신은 그의 강철 같은 신념에 기인한다. 그가 신문에 올인하여 평생을 헌신할 수 있었던 신념의 원칙을 보자.

하나, 신문의 정형을 철저하게 지키는 책임감이다. 퓰리처는 누가 (Who), 언제(When), 어디서(Where), 무엇을(What), 어떻게(How), 왜(Why) 등 신문의 육하원칙을 철저하게 지켰다. 기사는 짧고 간결해야 이해가 빠르고 신속하게 전달된다는 생각에서다. 그리고 그가 나이가 들어 일선에서 물러난 후에도 편집방침에 대해서만큼은 끝까지 관여하며 놀라운 집중력을 보인 것도 숨길 수 없는 책임감에서 기인했다. 둘, 끝까지 해내는 강철 의지이다. 퓰리처는 의지가 굳고 곧다. 그는 한번 한다고 마음먹으면 그 어떤 외압에도 굴하지 않았다. 그것은 국민에게 사실을 사실대로 알려야 한다는 생각에서이다. 또한 신문사 사주의 의무이자 권리라고 믿었기 때문이다. 그는 또 비난을 받으면서도 자신이 옳다고 생각하는 일엔 목숨을 바치는 각오로 시도해 나갔다. 이처럼 그는 국민을 위해 할 수만 있다면 그 어떤 상황에서도 몸을 사리지 않고 최선을 다하였다. 셋, 신문과 자신은 일체라는 유대의식紐帶意識이다. 물고기가 물을 떠나서 살 수 없듯 퓰리처는 신문을 떠나서는 존재할 수 없었다. 신문에 대한 강한 집념은 그에게 언제나 새롭고 기발한 아이디어를 끌어내게 했다. 그리고 그는 자신의 아이디어로 자신만의 신문 지면을 채웠다. 만화, 스포츠, 오락, 요리 등의 다채로운 기사는 신문과 그가 하나라는 생각에서 꽃피운 결과이다. 넷, 신문사 사주로서 사회적 책임경영을 이행하였다. 퓰리처는 자신의 재산을 컬럼비아대학에 기부해 언론대학을 설립하게 했으며, 퓰리처상을 제정하여 매년 언론발전을 위해 공헌한 사람들에게 상을 수여했다. 퓰리처상은 1917년부터 시상하였는데, 지금도 매년 언론에 공이 많은 사람에게 상을 수여하고 있다. 이는 오직 신문의 발전을 위한 그의 사회적 책임에 따른 것이다.

그의 몸속엔 도전정신이 강한 유대인의 유전자가 깊숙이 자리하고 있었다. 대개의 유대인이 그렇듯 그는 성실함과 끈기로 자신에게 주어진 그 어떤 일도 두려워하지 않았다. 두려워하는 순간 자신이 할 수 있는 일이란 아무것도 없다는 것을 잘 알았던 것이다. 앞에서도 언급했듯이 그는 살기 위해 목숨을 걸고 전쟁터를 누볐으며, 온갖 궂은일도 마다하지 않고 해냈다. 그는 정의에 대한 가치관이 뚜렷했으며 자신이 옳다고 믿는 것엔 그가 누구든, 그 대상이 무엇이든 절대 굽히지 않았다. 또한 자신이 한 일에 대해 반드시 책임지는 철저한 책임감이 그를 한층 더 성숙하게 해주었다. 그는 자신과의 싸움에서 승리하고 세계 언론 역사의 전설이 되었다.

조지프 퓰리처의
믿음 대화법 적용하기

인간관계에 있어 '믿음'은 절대적으로 필요한 마인드이다. 믿음이란 상대방이 자신을 신뢰하게 만드는 '소통의 핵심'이기 때문이다. 상대에게 믿음을 심어 주는 것은 신뢰를 주는 행동을 통해서이다. 아무리 말로 수만 개의 성을 쌓는다고 해도 행동이 받쳐주지 않으면 아무런 의미가 없다. 신뢰를 주는 행동 즉 믿음에 대해 19세기 독일의 철학자이자 시인인 프리드리히 니체Friedrich Nietzsche는 다음과 같이 말했다.

"자신을 믿는다고 공공연히 말하는 사람은 오히려 타인의 신뢰를 받지 못한다. 그같은 말을 하는 사람은 스스로 취해 있는 나르시시스트거나 자기애로 인해 자기 인식이 상당히 안이해진 인간에 불과하기 때문이다. 인간이라는 것이 얼마나 유약한 존재인지 대부분의 사람은 알고 있다. 타인의 신뢰를 얻고자 한다면 말로 자신을 강조할 것이 아니라, 행동으로 보여주는 수밖에 없다. 피할 수도 물러설 수도 없는 상황에서의 진실하고 흔들림 없는 행동이야말로 타인의 믿음에 호소할 수 있다."

니체의 말에서 보듯 백언불여일행百言不如一行 즉, 백 마디 말보다는 한 가지의 진실하고 책임감 있는 행동이 사람들을 믿게 하고 신뢰하게 한다는 걸 잘 알 수 있다.

풀리처가 성공할 수 있었던 믿음 대화법을 세 가지 관점에서 적용해보기로 하자.

첫째, 말을 할 땐 사실에 입각해서 말하라.

말을 할 때 사람에 따라 사실보다 더 확대해서 말하는 이들도 있고, 사실보다 더 작게 해서 말하는 이들이 있다. 무슨 의도를 가지고 하지 않더라도 이는 상대방에게 믿음을 떨어뜨리고 신뢰를 잃게 하는 일이다. 물론 상대에 따라서는 이를 아무렇지 않게 여기는 이도 있다. 하지만 사실은 사실대로 말해야 상대방은 그가 무슨 말을 하더라도 믿게 된다.

사실대로 하는 말은 거부할 수 없는 진실을 그 안에 품고 있으므로 어떤 상황에서도 사실을 오도悟道해서는 안 된다. 그 순간 진실은 날개를 달고 사라져 버리고 거짓과 허위만 남게 될 것이기 때문이다. 이는 말하는 이나 듣는 이에겐 독이 될 수 있음을 분명히 알아야 한다. 그런 까닭에 어떤 사건이나 문제에 대해 사실대로 말하는 것은 매우 중요하다.

윈스턴 처칠은 사실의 중요성에 대해 이렇게 말했다.

"인간은 사실을 보아야 한다. 사실이 인간을 보고 있기 때문이다."

처칠의 말은 인간이 왜 사실적이어야 하고 사실에 따라 말해야 하는지를 단적으로 보여준다.

옳은 말이다. 사실을 보는 사람은 언제나 사실을 말하지만, 사실을 보지 못하는 사람은 언제나 거짓을 말한다. 그렇다면 문제는 간단하다. 진실한 사람이 되기 위해서는 사실을 말해야 한다. 사실은 언제나 유쾌한 진실인 까닭이다.

퓰리처는 언론인으로서 이를 매우 중요하게 여기고, 자신의 철학으로 삼았다. 언론은 사실에서 한 치의 오차도 없어야 한다. 언론이 이를 어길 시에는 사람들로부터 외면받기에 십상이다. 거짓을 말하거나 사실을 확대 또는 축소해서 보도한다면 그것은 언론의 믿음과 신뢰를 잃게 하는 일이다.

퓰리처의 사실에 입각한 보도의 원칙을 보면 하나, 주관적인 편견을 버리고 객관적인 입장에서 사실대로 보도하였다. 둘, 국민은 누구나 평등하다. 누구나 취재의 대상이 될 수 있고, 특히 잘못된 사실에 대해 축소하거나 은폐를 불허하였다. 셋, 권력에 아부하여 신문의 본질을 훼손하는 것을 경계하였다. 넷, 국민의 알 권리를 존중하여 국민의 입장에서 대변하였다. 다섯, 항상 철저하게 언론의 독립을 지켰다.

퓰리처는 이 다섯 가지 원칙을 엄숙히 지킴으로써 국민의 믿음과 신뢰를 얻었다. 그로 인해 그의 신문사는 나날이 발전을 거듭하였고 그는 언론의 역사가 되었다.

인간관계에 있어 모든 조건을 다 갖췄다 해도 믿음과 신뢰를 잃게 되면 사람들과의 관계가 막히게 되고, 더 이상 관계를 이어가지 못하게 됨으로써 불행에 처하게 된다.

인간관계를 잘하기 위해서는 믿음과 신뢰로 무장해야 하는데, 믿음과 신뢰를 기르기 위해서는 하나, 자신을 믿고 신뢰해야 한다. 자신을 믿지 못하면 남 또한 믿지 못한다. 둘, 마음으로부터 불신하는 마음을 버려야 한다. 이런 부정적인 마음은 자신을 부정적이게 하여 누구도 믿을 수 없게 만든다. 셋, 믿음이 없이는 세상을 살아가기가 힘들다. 매사를 긍정적으로 생각하고 행동하면 다른 사람도 자신을 믿고 신뢰한다. 긍정적으로 말하고 행동하는 것, 이것이야말로 믿음과 신뢰를 쌓게 하는 좋은 방법이다. 넷, 믿음과 신뢰는 인간이 살아가는 데 있어 가장 근본적이면서, 가장 소중하게 여겨야 할 핵심적인 마인드이다. 다섯, 믿음과 신뢰가 튼튼하다면 모든 것이 순조롭게 이어지지만, 불신으로 가득 차면 태산이 무너져 내리듯 불행한 사태에 직면하게 된다. 믿음과 신뢰는 자신의 인생을 확고하게 하는 '삶'의 '라이선스'이다.

인간관계를 잘하고 싶다면 특히, 대화할 때 상대방에게 사실에 근거해서 말하라. 그것은 상대방에게 자신을 믿고 신뢰하게 하는 일이기 때문이다.

사실에 입각해서 말하는 법

01_ 상대방과의 대화에서 믿음을 주기 위해서는 대화에 맞는 사실에 근거해서 말해야 한다. 사실에서 벗어난 말은 신뢰를 받지

못하기 때문이다.

02_ 자신의 말을 증명해 줄 수 있는 근거를 준비하라. 그래서 상대방이 믿을 수 없다는 반응을 보일 때 근거로 제시하면 상대방은 수긍하고 따르게 된다.

03_ 상대방과의 대화에서 자신이 불리하다고 해서 없는 사실을 꾸며 말하거나 주장하는 것은 바람직하지 못하다. 잘 모를 땐 솔직하게 모른다고 말하는 것이 상대방에게 불신을 사지 않는다. 상대방은 오히려 그 솔직함에 믿음을 갖게 된다.

04_ "어디서 들으니까 그렇더라." 라든가 "누가 그러는데 그렇다고 하더라."라는 식의 추측성 발언은 자신의 말에 대한 신뢰를 떨어뜨린다. 추측성 발언은 절대 삼가야 한다.

상대방과의 대화에서 믿음을 주기 위해서는 '사실에 입각해서 말하는 법' 네 가지를 적극적으로 적용하라. 그것만으로도 상대방은 충분히 믿고 신뢰를 보내 줄 것이다.

둘째, 뜨거운 열정으로 상대의 마음을 움직여라.

사람들의 마음을 움직이게 하는 데 있어 열정은 매우 효과적이다. 뜨거운 열정으로 가득하면 주변 사람들에게 긍정의 에너지를 심어주기 때문이다. 주변에 있는 에너지 넘치는 사람을 한번 곰곰이 생각해보면, 그가 주변 사람들에게 미치는 영향이 매우 긍정적이라는 데 공감할 수 있을 것이다.

열정의 힘과 가치에 대해 미국의 시인이자 사상가인 랠프 왈도 에머슨Ralph Waldo Emerson은 이렇게 말했다.

"세상의 연대기에 기록된 모든 위대하고 당당한 운동은 열정의 개가다. 열정 없이는 그 어떤 대단한 것도 이뤄지지 않는다."

에머슨의 말은 세계역사에 존재하는 모든 위대한 일, 예를 들어 그것이 예술이든, 의술이든, 문학이든, 운동이든, 문명이든 어떤 것도 열정의 결과물임을 의미한다.

또한 강철왕 앤드루 카네기Andrew Carnegie는 다음과 같이 말했다.

"생생하게 상상하고 열렬히 갈망하며, 충심으로 믿으면서 열정을 행동의 토대로 삼는 것은 그 무엇이든 실현된다."

카네기의 말을 보면 생생하게 상상하고 갈망하는 일도 열정이 받쳐주어야만 실현된다는 것을 알 수 있다. 에머슨과 카네기의 말에서 '열정의 힘'이 위대한 결과를 낳게 하는 절대적 요소이자 가치임을 알 수 있다.

"블라이, 다시 말하지만 이 일은 우리에겐 매우 중대한 일이라는 것 명심하세요. 그리고 반드시 해내야 합니다."

"알겠습니다. 반드시 해내도록 하겠습니다."

정신병원에서 환자들을 비인간적으로 대한다는 제보를 받고 사실

여부를 정확하게 취재하기 위해 환자로 위장하여 잠입하라는 퓰리처의 말에 블라이 기자는 반드시 취재를 성공적으로 해내겠다고 의지를 불태운다. 그리고 명확히 취재하고 보도하여 국민의 알 권리를 충족하고 사람들의 놀라움을 샀다. 그리고 로비스트의 뇌물 수수나 교도소의 여성 수감자들이 겪는 폭력 등을 보도하여 센세이션을 일으켰다.

퓰리처는 취재하기 어려운 대상이나 사건을 넬리 블라이라는 여기자에게 맡겼는데, 아무리 취재라고 해도 여기자가 위장 잠입한다는 것은 여간 어려운 일이 아니다. 만에 하나 잘못되는 날엔 오히려 인권 문제로 공격받을 수 있어 사회적 문제를 야기할 수 있기 때문이다. 하지만 퓰리처는 언론이 의당히 해야 하는 일로 여겨 위험을 무릅쓰고 취재를 감행했고 모두 성공적으로 이뤄냈던 것이다. 이는 사실에 입각하여 국민이 알 권리를 위해 보도하는 것이 언론인의 사명이자 책임이며 가치라고 여긴 까닭이다.

퓰리처의 열정은 용광로처럼 뜨거웠고, 때론 활화산처럼 타올랐다. 그의 열정은 막강한 권력도, 물질의 힘으로도 막을 수 없었다. 그에게 있어 열정은 그를 존재케 하는 힘이었다. 신문을 위해 태어난 존재처럼 자신의 모든 역량을 신문에 쏟아부은 진정한 '저널리즘의 선구자'라고 할 수 있다.

퓰리처의 경우에서 보듯 열정의 힘은 능치 못함이 없다. 열정이 있다면 그리고 신념이 있다면 그 모든 것을 가능하게 할 수 있다.

열정으로 상대의 마음을 움직이는 법

01_ 옳고 그름을 바로 알아야 한다. 그래서 옳은 일은 행하고, 그릇된 일은 행하지 말아야 한다.

02_ 어떤 일도 두려워하지 말아야 한다. 두려워하는 순간, 충분히 할 수 있는 것도 포기하게 된다.

03_ 의로운 생각을 마음에 깊이 새겨야 한다. 의로운 마음을 깊이 새기면 의로운 일에는 목숨을 걸고 최선을 다한다.

04_ 자기를 극복하는 강한 의지를 길러야 한다. 강한 의지는 불가능한 것에도 도전하게 하는 강력한 마인드이다.

05_ 용기는 두려움을 없애는 자기 확신이다. 용기가 클수록 대담성 또한 더 커지고 강해진다.

대화에서 상대가 내 말에 수긍하게 하기 위해 '열정으로 상대의 마음을 움직이는 법' 다섯 가지를 적극적으로 적용한다면 상대방의 신뢰를 얻게 된다. 자신을 열정으로 가득 채워라. 그렇게 될 때 자신의 원하는 것을 얻게 될 것이다.

셋째, 책임감과 신념으로 상대를 사로잡아라.

책임감 있는 사람은 성실하고 부지런하며 무엇보다 신념이 강해 누구나 좋아하고 그를 원한다. 책임감은 성실과 신념을 바탕으로 하기 때문에 무슨 일을 맡겨도 신뢰가 가기 때문이다. 그래서 책임감이 넘치는 사람은 어딜 가도 환영을 받는 것이다.

책임감의 중요성에 대해 미국 백화점 왕이라 불리는 존 워너메이커John Wanamaker는 이렇게 말했다.

"맡겨진 책임에 충실하면 기회는 스스로 만들어진다."

워너메이커의 말에서 보듯 책임감을 갖고 하는 일은 자신에게 좋은 결과를 낳게 하는 기회가 되어준다는 것을 알 수 있다. 그의 말처럼 인류 역사에 자신의 이름을 뚜렷이 남긴 사람들을 보면 하나같이 책임감이 뛰어났다. 책임감이 강한 사람은 신념 역시 강하다. 다시 말해 신념이 강한 사람은 책임감이 강하다고 할 수 있다. 책임감과 신념은 불가분의 관계라는 말이다. 그는 언론인으로서 막중한 책임감을 갖고 있었고, 신념 또한 태산을 옮길 만큼 강했다. 그는 신문이 사실 보도뿐만 아니라 국민에게 정보를 제공해야 한다고 생각했다. 그는 재미있는 가십거리, 유머 등을 일요판에 최초로 게재하여 독자들에게 흥미를 제공하였다. 또한 스포츠에 흥미 있는 독자들을 겨냥하여 스포츠난을 두었다. 그리고 신문 만평과 사진을 넣어 칙칙한 분위기를 바꾸고 읽는 즐거움을 제공하였으며, 요리, 패션, 육아 등 여성이 좋아하는 내용으로 지면을 꾸몄는데 여성들로부터 대단한 환영을 받았다.

"신문이 보도에만 역점을 두어야지 무슨 가십거리가 필요하고, 스포츠니 요리니 하는 따위가 필요해. 이는 신문의 격을 떨어뜨리는 일이야. 그 사람 정신이 어떻게 된 것 아냐?"

퓰리처가 이와 같은 계획을 시도할 때 다른 언론인이나 사람들로부터 비난을 받았다. 그러나 퓰리처는 당연하다는 듯 말했다.

"그것은 모르는 소리야. 앞으로 신문은 보도뿐만 아니라 우리가 살아가는 데 필요한 갖가지 정보를 제공함으로써 삶의 질을 높이는 데 역점을 두어야 해. 이것 또한 중요한 언론의 역할이 될 거야."

이러한 그의 생각은 당시로서는 매우 획기적인 정책이었다. 신문은 보도뿐만 아니라 갖가지 정보를 제공하는 기능을 성실히 해내는 주체가 되었고 독자들은 퓰리처의 혁신적인 시도에 열렬히 공감하며 찬사를 보냈다. 이처럼 퓰리처는 다양한 읽을거리를 제공함으로써 신문의 역할을 극대화했다. 이는 신문이 단순히 보도만 하는 것이 아닌, 문화와 정보를 제공함으로써 독자들의 삶의 질을 높이고 자아를 실현하는 데 도움을 준 참신하고 혁신적인 콘텐츠였다.

퓰리처는 신문사 사주로서 사회적 책임경영을 이행하였다. 자신의 재산을 컬럼비아대학에 기부해 언론대학을 설립하게 했으며, 퓰리처상을 제정하여 매년 언론발전을 위해 공헌한 사람들에게 상을 수여하게 하였다. 퓰리처상은 1917년부터 시상하였는데, 지금도 매년 언론에 공이 많은 사람에게 상을 수여하고 있다. 이는 오직 신문의 발전을 위한 그의 사회적 책임에 따른 것이다.

책임감을 높이고 신념을 습관화하는 것은 자신의 삶을 혁신시키는 중요한 마인드이다. 책임감을 높이고 신념을 습관화하기 위해서는 어떻게 해야 할까.

책임감을 높이고 신념을 습관화하는 법

01_ 자신에게 정직해야 한다. 스스로 한 약속을 반드시 지키는 자세가 필요하다.

02_ 반드시 실천적 의지가 뒤따라야 한다. 자신이 무언가를 하겠다고 결심했다면 무슨 일이 있어도 절대 포기하지 말고 꾸준히 밀고 나가라.

03_ 신념 앞에 그 어떤 불신도 품지 마라. 흔들림 없는 신념 앞에 경거망동하지 마라. 자신을 믿지 못하면 신념을 기를 수 없다.

04_ 신념은 곧 자신에 대한 믿음이다. 자신을 사랑하고 자신을 존중하는 마음을 가져라. 그리하면 자신을 중요하게 생각하게 됨으로써 신념을 기르는 일에 최선을 다하게 된다.

05_ 마음을 다스리는 책을 읽고 그대로 따라서 해보라. 그리고 자신의 연약한 마음을 다독이며 몸과 마음을 하나로 모으고 정진하는 데 온 힘을 기울여라.

대화에서 긍정적인 이미지를 심어주고 좋은 결과를 얻기 위해서는 '책임감을 높이고 신념을 습관화하는 법' 다섯 가지를 반드시 습관화하라.

퓰리처는 신문을 위해 태어났고, 신문에 의해 성장했으며, 신문을 위해 평생을 바친 신문의 화신이다. 그는 누구보다도 신문을 아끼고 사랑했고, 신문이야말로 사람들에게 알 권리를 제공하는 최고의 수단으로 여겼으며, 세상에서 그 어떤 것보다도 가치 있는 것이라고 여겼다.

한 사람의 집념은 보통 사람들이 생각할 수 없는 놀라운 성과를 이루어 낸다. 그리고 세상은 그런 사람들로 인해 한 단계 더 발전할 수 있는 것이다. 퓰리처는 언론역사의 신화로서 오늘도 정론을 위한 신문의 역할을 지켜보고 있다.

"우리의 인생은 우리의 생각에 따라 만들어진다."

이는 로마의 황제이자 철학자인 마르쿠스 아우렐리우스Marcus Aurelius 가 한 말로 자신의 인생을 멋지게 살기 위해서는 자신이 하고자 하는 일을 분명히 하고, 책임감과 신념으로 자신을 철저하게 무장하라. 책임감과 신념은 반드시 필요한 성공 요소이다.

Chapter 2

예스를 끌어내는
유대인 대화법

01

하나의 마음이
되게 하는 공감 대화법

━━

하워드 슐츠

(Howard Schultz 1953~)

세계 제일의 커피 전문 회사 '스타벅스'의 CEO.
저서로는 《온워드Onward》가 있다.

━━

인간관계에 있어 생각을 공유共有한다는 것은 매우 중요하다. 그것은 서로의 생각이 같음을 뜻하는 것으로 심리적으로나 정신적으로 공감함을 의미하기 때문이다.

공감Empathy이란 '남의 주장이나 감정, 생각에 찬성하여 자기도 그렇다고 느끼는 것'을 말하는 것으로, 공감하는 것이 많을수록 그 사람과는 더욱 동질감을 느끼게 되고 그로 인해 좋은 관계를 이어가게 된다.

공감의 중요성에 대해 미국 제44대, 45대 대통령을 지낸 버락 오바마Barack Obama는 이렇게 말했다.

"지금도 나의 어머니가 강조한 간단한 원칙, '네게 그렇게 하면 기분이 어떨 것 같니?'를 정치활동의 길잡이 중 하나로 삼고 있다. 만약 최고경영자가 직원들의 입장에서 생각한다면 이들의 건강지원비를 삭감하면서 수백만 달러를 챙기기는 어려울 것이다. 노동조합 지도자들은 경쟁에서 살아남아야 한다는 사용자의 압박감을 외면해서는 안 된다. 내가 조지 부시와 아무리 생각이 다르더라도 그의 시각에서 국제상황을 바라보도록 노력해야 한다. 공감이란 바로 이런 것이다."

버락 오바마의 말은 공감이 무엇인지에 대해 자신의 어린 시절 어머니가 들려준 이야기를 통해 간단 명쾌하게 보여주고 있다. 즉, 나와 다른 사람의 입장에서 생각할 때 상대에 대해 이해하게 되고 공감대를 형성하게 되어 아름다운 결과를 이끌어낼 수 있다. 이에 대한 예를 본다면 더욱 그의 이야기에 공감하게 될 것이다.

2008년 오바마가 민주당 대통령 후보로 미국 상위 1%에 해당하는 존 매케인과 경쟁을 벌일 때 내세운 슬로건이 '희망과 변화'였다. 그가 희망과 변화를 내세운 것은 조지 부시 대통령이 재직 시 이라크전과 아프가니스탄 전쟁 등으로 미국 사회가 지쳐있었기 때문이다. 오바마는 이를 놓치지 않고 자신의 선거 정책으로 삼았다. 그리고 부시가 부유층에게 세금 감면 혜택을 준 것은 정부의 재정 운영이 무책임하고 비도덕적이라고 비판하였다. 또 건강보험, 에너지 등 미국의 경쟁력을 위한 바른 정책을 제시하지 못했다고 비판하였다.

그러나 그는 부시를 인간성이 결여된 사람으로 보지는 않는다고 말했다. 이에 대해 사람들이 이해할 수 없다고 했다. 그러자 오바마는 정책과 사람을 같이 평가해서는 안 된다고, 정책은 다만 지도자의 국정철학일 뿐이라고 말했다. 여기에 오바마의 사람됨이 잘 나타난다.

오바마는 국민이 무엇을 바라는지 잘 알았다. 담대한 희망과 변화를 강조하는 역설하는 그의 연설은 미국 국민의 지친 마음을 풀어주기에 충분했다. 그가 '통합'을 강력하게 주장하는 것도 다 이런 생각에서다. 이러한 오바마의 진정성은 많은 사람들의 마음을 움직이게 했다. 나아가 공화당 사람들의 마음마저 움직여 공화당 내에 오바마를 지지하는 사람들이 있을 정도라고 하니 그의 진정성이 얼마나 미국 국민의 가슴에 감동으로 다가갔는지를 알 수 있다.

미국 국민은 오바마에게 희망을 품기 시작했고 그의 인기는 날로 급상승했다. 그가 가는 곳곳마다 사람들이 구름떼처럼 몰려들었다. 희망과 변화를 이끌 지도자로 그를 지지하고 환영하기 위해서다. 그 결과 미국의 귀족이라는 상위 1%의 존 매케인 공화당 후보를 보기 좋게 누르고 미국 제44대 대통령에 당선되었다.

오바마가 국민의 마음을 살 수 있었던 것은 '공감 능력'이 뛰어났기 때문이다. 국민들은 그의 말 한마디 한마디에 공감하였고, 그것은 곧 바로 선거에서 표로 연결되었다.

공감에는 정서적인 공감, 하는 일에 있어서의 공감, 사상적인 공감, 취미로서의 공감, 정치적 성향으로의 공감, 예술적 성향으로의 공감 등 다양하게 생각해볼 수 있다. 이러한 공감은 그것이 어떤 것일지라도 둘의 관계를 끈끈하고 아름다운 관계로 이끌어 준다. 특히, 대화에 있어서 상대가 누구든 그가 좋아하거나 관심을 갖고 있는 분야에 대해 이야기를 하게 되면 거부감을 줄이게 되고 공감력이 높아지며 자연히 생각을 공유하게 됨으로써 좋은 관계를 맺어 자신이 원하는 것을 이끌어낼 수 있다. 이렇듯 사람들과의 대화에서 '공감 화법'은 자신의 생각을 상대 또한 공유할 수 있도록 하는 만큼, 공감 능력을 왜 길러야 하는지 분명해진다.

공감은 힘이 세다. 공감 능력을 극대화해야 하는 이유가 바로 여기에 있다.

하워드 슐츠의
공감 대화법

세계 제일의 커피 전문 회사인 '스타벅스'의 CEO 하워드 슐츠Howard Schultz. 그는 감성을 접목시킨 경영으로 기존 커피 전문점과는 전혀 다른 스타벅스만의 강점을 부각함으로써 2019년 말 전 세계에 약 3만 여 곳이 넘는 스타벅스 체인점을 둔 최고의 커피 재벌이다.

이런 슐츠의 어린 시절은 한마디로 지독한 가난 그 자체였다. 그의 아버지는 유대인으로 한 번도 자신이 원하는 삶을 살지 못했다. 미국 연방정부 보조 주택 지역인 브루클린 카니지 빈민촌에서 생활해야만 했고, 가난한 아버지와는 달리 반드시 자신이 원하는 삶을 살겠다고 맹세하며 어린 시절 가난을 이겨냈다. 미식축구 특기생으로 노던 미시 간 대학을 마친 그는 제록스사에 입사하여 세일즈를 하며 사회에 발을 들여놓았다. 유대인 특유의 집념과 끈기를 바탕으로 세일즈를 펼치며 그 지역 최고의 프로 세일즈맨이 되었고 자신감으로 충만해 있던 그는 더 큰 도약을 위해 스웨덴에 본사를 둔 퍼스토프에 입사했다. 그 후 열심히 노력한 끝에 퍼스토프가 미국에 세운 가정용품 회사인 해마 플라스트의 부사장으로 발령을 받았고 연봉 75,000달러에 승용차와 판공비 등의 혜택이 주어졌다. 그는 3년 동안 열심히 일했다.

그러던 중 우연히 스타벅스에 관심을 두게 되었고, 그곳에 입사해

꿈을 키우기로 결심하였다. 슐츠는 안정적인 직장을 떠나 구멍가게와 같은 스타벅스에 입사했다. 입사한 지 1년이 지난 어느 날 이탈리아에 가게 되었는데, 그곳에서 그는 자신의 인생을 완전히 바꾸는 계기가 되는 것들을 목격하였다. 거리마다 수없이 늘어선 가족적이고 예술적인 분위기가 물씬 풍기는 커피숍은 미국에서는 상상하지 못했던 새롭고 신선한 충격을 주었던 것이다.

미국으로 돌아온 슐츠는 이탈리아 스타일을 미국에 도입하는 계획을 세우고, 스타벅스의 세 명의 경영자들을 설득했지만 실패했다. 그러자 그는 자신이 직접 커피 회사를 경영할 계획을 세우고 투자자를 모집하였다. 수많은 우여곡절을 겪으며 드디어 '일 지오날레'를 창업하였다. 하지만 그의 마음속엔 스타벅스를 인수하는 꿈이 언제나 별처럼 빛났다. 그는 자신의 꿈을 위해 사람들을 설득하며 차근차근 준비해 나갔다.

그리고 마침내 1987년 스타벅스의 CEO가 되었다. 이 당시 스타벅스는 작은 구멍가게에 불과했다. 사람들은 슐츠의 계획에 대해 부정적으로 생각했지만, 그의 생각을 따르는 사람들과 자신의 확신을 믿으며 꿈의 바다를 향해 힘차게 출항을 시작했다.

슐츠는 고객들이 자신의 집에서 편안하게 커피를 마시듯 인테리어를 비롯한 음악 등 하나하나에도 세심하게 주의를 기울였다. 그뿐만 아니라 직원들을 가족처럼 대우해주었고, 바리스타와 매장 직원들은 고객들에게 최선을 다하는, 품격이 다른 서비스로 고객들에게 감동을 주었다. 그 후 10년이 지난 스타벅스는 직원 25,000여 명과 미국 및 세계 각지에 약 17,000여 개의 커피 체인점을 거느린 대규모 커피 회사로 성장했다.

그리고 슐츠는 스타벅스를 떠났다. 그가 떠난 스타벅스는 서서히 내리막길을 걷기 시작했다. 그는 2008년 글로벌 금융위기와 주가 폭락으로 심각한 위기에 빠진 스타벅스를 구하기 위해 다시 경영을 맡아 3년 만에 흑자로 돌려놓았다. 그리고 더 크게, 더 높이 스타벅스를 성장시키는 저력을 보여주었다. 역시 하워드 슐츠라는 찬사를 받으며 행복한 인생을 구가하고 있다.

슐츠가 성공할 수 있었던 비결 중 하나는 직원들은 물론 고객들이 공감할 수 있는 경영방식과 소통에 있었다. 특히, 그의 장점이라고 할 만한 '공감 능력'은 직원들은 물론 고객들을 감동으로 이끌었다. 공감 능력이란 '공감을 불러일으키는 힘'을 말한다. 공감 능력이 좋으면 사람들과의 관계에서 뛰어난 역량을 발휘하게 된다.

공감 능력이 미치는 영향에 대해 카네기 멜론 대학교와 MIT대학교 심리학자들이 공동 연구한 결과를 보면 팀워크라든지 지능지수는 성과와는 아무런 상관이 없고 성과에 영향을 주는 것은 공감 능력이라는 것을 밝혀냈다. 즉, 공감 능력이 좋은 팀이 좋은 성과를 낸다는 것이다.

이 연구 결과에서 보듯 공감이 주는 힘은 매우 크다. 슐츠는 공감 능력을 대화에 적용하여 자신이 원하는 것을 이룰 수 있었다.

슐츠의 공감 대화법의 특징을 세 가지 관점에서 살펴보기로 하겠다.

첫째, 고객들을 감동으로 이끄는 감성적 공감을 불러일으켰다.

고객은 선택의 자유와 권리를 갖고 있다. 고객은 자기 돈을 자기가 원하는 곳에서 쓸 수 있다. 아무리 갖은 말로 고객을 유치하려고 해도 고객이 원치 않으면 그만이다. 고객을 유치하기 위해서는 고객이 'YES, OK!' 하도록 만들어야 한다. 고객의 입에서 YES, OK라는 말이 나오도록 하기 위해서는 여러 가지 방법이 있을 것이다. 그중 고객을 감동하게 하는 것이 매우 중요하다. 사람은 감동하게 되면 자신의 것을 아까워하지 않고 감동을 준 사람에게 주려고 하는 경향이 있다. 하워드 슐츠는 이 점을 잘 알았던 것이다.

슐츠는 고객들에게 스타벅스만의 차별화를 시도했다. 그의 시도는 신선함과 낭만의 극치감을 느끼게 했다. 먼저 그는 스타벅스를 찾는 고객들이 갖는 최소한의 시간 동안 '이곳에 오면 참 아늑하고 마음이 평안해져', 라는 생각을 갖도록 인테리어와 디자인을 갖추었다. 또한 그들이 대접받는다는 기분이 들도록 바리스타와 직원들은 친절을 베풀었다. 또 그는 화이트칼라나 블루칼라들이 같은 가격으로 커피를 즐기게 함으로써 가난한 자들에게 자긍심을 심어주었다. 이에 대해 고객들은 아주 만족해했다.

슐츠는 이러한 자기 생각을 펼치기 전 직원들과 진지하게 이야기를 나누는 시간을 가졌었다.

"우리는 우리만의 방식으로 회사를 이끌어가야 한다고 생각합니다. 첫째는 고객들이 집에서와같이 편안하고 아늑한 인테리어로 장식을 할 필요가 있습니다. 그리고 음악이나 테이블과 의자, 커피도 고객의 취향에 맞출 필요가 있습니다. 둘째는 바리스타를 비롯한 직원들은 고객이 편안하고 여유를 가질 수 있도록 친절하게 대해주어야 한다고 생각합니다. 내가 이탈리아를 갔을 때 느꼈던 감동을 그대로 재현하는 것입니다. 물론 그렇게 하기 위해서는 여러분들이 좀 더 신경을 써야 합니다. 그러다 보면 피곤할 때도 있을 겁니다. 하지만 우리가 잘 되게 위해서는 그렇게 해야 한다고 생각합니다. 여러분들의 생각은 어떻습니까?"

말을 끝낸 슐츠는 직원들을 둘러보았다. 그때 한 직원이 말했다.

"저는 사장님의 말씀에 공감합니다. 우리가 좋은 성과를 내기 위해서는 다른 커피 회사와는 차별화가 필요하니까요. 그리고 그렇게 하기 위해서는 다소의 불편함과 피곤함은 이겨내야 한다고 생각합니다."

직원이 말을 끝내자 "저도 그 생각에 동의합니다."라며 그 자리에 있던 모두가 고개를 끄덕이며 공감을 표했다.

"내 뜻을 이해해줘서 고맙습니다. 다시 말하지만 우리 회사는 저만을 위한 것이 아닌 우리 모두의 것입니다. 여러분이 바로 주인입니다. 우리 한번 멋지게 일해 봅시다."

슐츠는 직원들이 자신의 뜻을 이해해주자 큰 힘을 얻은 듯 환하게 웃으며 힘주어 말했다.

"네, 사장님!"

슐츠의 공감 대화법에 직원들은 한목소리로 대답했다.

스타벅스는 고객들에게 커피에 대한 정보를 제공하기 위해 커피숍에 안내 책자를 비치하고, 스타벅스 특별 음료를 만드는 매뉴얼을 정성껏 만들어 제시하고, 커피문화에 대한 월간잡지를 발행하고, 다양한 음악을 즐기게 하고, 테이블과 의자 스타일 등 모든 것을 고객들이 좋아할 수 있는 것들로 갖춤으로써 주인 대접을 받는다는 생각이 들도록 차원을 높였다.

이러한 '고객 감동 전략'은 그대로 전해졌다. 고객은 감동을 계속 누리고 싶어 자신이 좋아하는 곳을 매번 가게 된다.

스타벅스 고객들이 커피숍을 찾는 평균 횟수는 한 달에 18회라고 하니 놀라운 일이다. 이 모두가 고객을 감동하게 하는 공감 전략의 결과이다.

미국의 탁월한 심리학자 윌리엄 제임스William James는 이렇게 말했다.

"늘 남이 중요한 인물이라는 생각이 들도록 만들어라."

이 말을 바꿔 말하면 '남'을 '고객'이라고 바꾸면 된다. 사람들은 누구나 자신이 중요한 인물이라고 생각한다. 슐츠는 이런 인간들의 보편적 감성을 잘 이해하고 적용함으로써 공감을 얻어냈고 그것은 성공으로 이어졌다.

둘째, 끈기와 인내의 설득력이 뛰어났다.

끈기와 인내는 상대방을 공감하게 하는 매우 중요한 요소다. 어떤 일을 함에 있어 끈기와 인내를 갖고 설득을 하게 되면, 대개는 공감하게 되는 경향이 있다. 끈기와 인내를 가진 사람은 어떤 어려움이 있더라도 잘 해낼 것이라는 믿음을 주기 때문이다.

커피에 관심을 갖게 된 슐츠는 스타벅스가 있는 시애틀로 가서 세밀하게 관찰하며 비전을 발견하였다. 비전이 보이자 안정적인 삶을 버리고 작은 구멍가게에 불과한 스타벅스에 입사하기로 결심했다.

슐츠는 스타벅스를 찾아가 공동경영자 제리 볼드윈을 만났다. 고든 보우커, 제브 시글은 자리에 없었다. 그는 제리와 만나 많은 얘기를 나눴다. 그리고 스타벅스에서 일했으면 좋겠다고 말했다.

"제리 씨, 귀사에서 일하고 싶습니다. 제게 기회를 주시겠습니까?"

"슐츠 씨, 우리 회사는 슐츠 씨의 꿈을 펼치기엔 너무도 작습니다."

제리는 이렇게 말하자 슐츠는 또다시 말했다.

"나는 이곳이 내가 일할 곳이라는 강한 확신이 섰습니다. 이곳에서 일할 수 있다면 지금의 안락함을 놓아버릴 각오입니다."

"슐츠 씨, 우리는 지금보다 회사 규모를 키우고 싶지 않아요. 우리는 우리만의 방식으로 최고의 커피를 만드는 게 목적이니까요."

"압니다. 하지만 나는 이곳에서 꿈을 펼치고 싶습니다."

슐츠의 말을 듣고 제리는 고개를 끄덕였지만 대답은 하지 않았다. 슐츠는 1년 동안 줄기차게 입사를 허락해 달라고 요청했다. 제리는 슐츠의 뜻대로 하고 싶었지만 다른 사람들이 반대하였다. 슐츠는 제리를 만나 다시 한번 부탁했다.

"제리 씨, 그것은 당신의 회사고 당신의 비전입니다. 당신은 그것을 성취할 수 있는 유일한 분입니다. 그들이 당신의 가슴속에 담긴 꿈을 빼앗아가도록 허용하지 말기를 바랍니다."

제리는 슐츠의 말을 듣고 오늘 밤 다시 생각해보고 내일 전화를 하겠다고 말했다. 제리와 헤어져 호텔로 돌아온 슐츠는 잠을 한숨도 이루지 못했다. 거의 뜬눈으로 밤을 지새운 슐츠는 아침에 벨이 울리자마자 전화를 받았다. 슐츠를 채용하겠다는 제리의 전화였다. 마침내 그렇게도 바라던 스타벅스에 입사하게 되었다.

슐츠는 열심히 일하며 꿈을 키워나갔다. 그리고 이탈리아를 다녀온 후 투자자를 끌어모았다. 그는 자신의 회사인 '일 지오날레'를 창업하고 3년 뒤 자신이 그토록 원하던 스타벅스를 인수하였다.

스타벅스를 인수하고 3년 동안 적자가 나자 이사들은 하워드 슐츠에게 불만을 토로하며 경영 방법을 바꾸라고 요구하였다. 그러자 슐츠는 이렇게 말했다.

"경영 방법을 바꾸는 것만이 능사가 아닙니다. 우리는 경영진을 끌어들이고 배전 시설을 더 좋게 만들고 회사 시스템을 갖춰야 합니다."

"적자가 나는데 그게 다 무슨 소용입니까? 지금 투자한 것만도 어딘데요."

이사들은 이렇게 말하며 자신들의 주장을 굽히지 않았다. 하지만 슐츠도 뜻을 굽히지 않았다.

"단언하건대 우리는 할 수 있습니다. 우리가 뜻을 합치면 못할 게 없습니다. 제발 제 말을 믿어주세요. 머잖아 반드시 흑자로 만들겠습니다."

슐츠는 이렇게 말하며 이사들을 바라보았다. 그의 눈엔 굳은 의지가 별처럼 빛났다. 그의 모습을 본 이사들은 결국 자신들의 뜻을 굽히고 슐츠의 뜻을 존중해 주었다.

사실 스타벅스를 인수했지만 개선해야 할 점이 한두 가지가 아니었다. 시설과 커피숍 운영 시스템, 판매시스템 등 여러 가지 문제를 안고 있었다. 그것을 개선하지 않은 상태에서 흑자를 내기란 힘든 일이었다. 슐츠는 그것을 잘 알고 있었다. 그래서 그는 투자를 통해 개선하기를 바랐던 것이다.

슐츠는 커피숍을 새로 오픈할 땐 임대료가 비싸도 목이 좋은 곳을 골랐고, 부동산 분야는 전문가를 채용하여 더욱 체계화해나갔다. 자연히 투자가 늘어날 수밖에 없었다. 그는 수익이 나는 대로 투자를 함으로써 회사를 안정적으로 그리고 크게 성장시킬 수 있었다. 재투자는 기초를 튼튼히 다지는 경영전력이다. 슐츠는 각 분야에 맞게 신속하게 재투자하고 마침내 1990년 흑자를 냄으로써 자신이 옳았음을 증명해 보였다.

끈기와 인내의 설득력은 사람들의 공감을 이끌어내는데 효과적이다. 물론 그렇게 하기 위해서는 자신에게 강한 믿음이 있어야 한다. 슐츠는 이를 잘 적용하여 자기 뜻을 펼칠 수 있었다.

셋째, 직원을 가족처럼 아끼고 존중하였다.

슐츠는 직원들을 아주 소중히 생각한다. 직원이 기분이 좋아야 고객들에게도 더 잘하고 자신이 맡은 업무도 성심성의껏 잘한다는 믿음에서다.

"여러분, 나는 여러분을 직원이라고 생각하지 않습니다. 여러분은 다 내 형제요 자매입니다. 그러니까 우리는 모두 한 가족입니다. 여러분도 우리 회사를 여러분의 집처럼 생각하고, 우리가 모두 한 가족이라고 생각해주십시오."

슐츠의 말을 듣고 임직원들은 하나같이 공감하였다. 즉, 가족 같은 마음으로 서로 힘을 모아 일할 때 더 책임감을 느끼게 애착을 갖게 된다는 것에 공감했던 것이다.

스타벅스는 종업원을 직원이 아니라 '파트너'로 부른다고 한다. 이는 직원을 한 가족으로 여긴다는 것을 의미한다. 슐츠가 직원들을 이처럼 끔찍이 여기는 것은 직원들이야말로 회사와 희로애락을 함께 하는 존재라는 것이다. 그는 직원들에게 의사결정 참여권을 주고 경영, 기획, 전략, 마케팅 등을 공개적으로 토론하게 함으로써 '우리는 가족'이라는 의미를 심어주었다.

또한 파트타임을 비롯한 전 직원에게 빈 스톡이라는 스톡옵션과 의료보험 혜택을 부여함으로써 직원들의 자발적인 헌신을 이끌어낸다. 그의 이런 진정성은 직원들을 공감하게 했으며 감동을 주기에 충분했다.

"우리 회사의 최우선 순위는 직원들이다. 그다음은 고객의 만족이다. 종업원이 행복해야 고객도 행복하다. 직원이 고객을 잘 대하면 고객은 다시 찾아올 것이다. 이것이 바로 사업 수익의 원천이다."

이는 슐츠가 한 말로 그의 마인드를 잘 알게 한다.

그리고 슐츠는 직원의 아이디어를 적극적으로 활용하였다. 직원들처럼 회사에 대해 잘 아는 사람도 없다. 그러다 보니 회사의 장단점을 소상하게 안다. 그래서 좋은 아이디어가 생각나면 그 아이디어는 회사를 더 나은 회사가 되게 하는 데 큰 도움이 된다. 슐츠는 직원들이 아이디어를 내면 면밀하게 검토한 후 타당성이 있으면 시행에 옮김으로써 직원들의 사기를 진작시키고 효과적인 결과를 낼 수 있었다.

'후라푸치노'라는 상표가 있다. 이는 원래 커피커넥션의 상표였는데 이 회사를 스타벅스가 인수하면서 디나와 앤이라는 직원이 개발한 혼합 음료에 이 상표를 붙였다. 이 혼합 음료는 고객들로부터 선풍적인 인기를 끌어 매출 성장에 큰 영향을 끼쳤다. 1996년 첫해에 후라푸치노는 5,200만 달러의 매출을 올렸는데 이는 스타벅스 전체 매출의 7%에 해당하는 금액이었다. 직원의 아이디어가 이처럼 큰 성공을 거두었던 것이다. 슐츠는 이를 계기로 직원들의 아이디어를 적극 활용함으로써 직원들의 공감을 이끌어내고 회사의 발전에 크게 활용하였다. 직원들 또한 긍지가 대단했다. 직원들을 가족같이 여기고 격려하니 창의적인 아이디어가 마구 쏟아져 나왔고, 스타벅스는 생각지도 못한 대성공을 거둘 수 있었다.

자기 계발 전문가이자 강연자인 데일 카네기Dale Carnegie는 격려에 대해 이렇게 말했다.

"작은 개선에도 격려하라."

그렇다. 작은 발전, 작은 개선, 작은 성공에도 격려하면 그것은 큰 변화를 이끌어낸다.

슐츠는 직원들을 가족같이 여기고, 격려하고 인정함으로써 스타벅스가 발전하는 데 큰 힘을 얻을 수 있었다.

하워드 슐츠의
공감 대화법 적용하기

어떤 문제에 대해 공감한다는 것은 서로에게 좋은 이미지를 갖게 하고 긍정적인 관계가 되게 하는 매우 바람직한 일이다. 생각이 같다는 것은 또는 생각이 비슷하다는 것은 그 자체만으로도 '마음의 문'을 열게 하기에 충분하다. 그만큼 '공감의 힘'은 인간관계를 탄탄하게 하는 마력이 있다. 왜 그럴까. 사람은 누구나 자신과 비슷한 사람에게 마음이 끌리기 때문이다. 성격이 비슷하거나 환경이 비슷하다는 것은 일체감을 불러일으켜 동지 의식을 갖게 하는 까닭이다.

슐츠는 공감력이 주는 힘을 잘 알았다. 그랬기에 그는 감성을 불러일으키는 공감 대화법을 통해 고객과 직원은 물론 투자자들의 마음을 사로잡았던 것이다. 이를 세 가지 관점에서 적용해보기로 하자.

첫째, 감동으로 이끄는 감성적 공감을 불러일으켜라.

미국 음료 역사상 만년 2등이던 펩시코가, 코카콜라를 누르는 엄청난 일이 벌어졌다. 펩시코가 코카콜라를 이긴 건 무려 100년 만에 일이었다. 펩시코로서는 일대의 혁신이었고 기적 같은 일이었다.

펩시코가 코카콜라를 이길 수 있었던 데에는 인드라 누이Indra K. Nooyi라는 탁월한 여성 경영자가 있었기 때문이다. 인드라 누이의 성공

비결은 정확한 데이터와 탁월한 사업 분석 능력에다 뛰어난 창의력에 있다. 그러나 그보다 더 중요한 것은 공감 능력과 대화법에 있었다.

인드라 누이는 자연스러운 분위기에서 회의를 주도하였고, 격의 없는 대화를 함은 물론 가족과 같은 안락함과 편안함으로 임직원들과 정서적으로 소통하였다. 이런 끈끈한 유대감은 임직원들 간에 공감을 불러일으켰고 그로 인해 큰 성과를 거두게 되었다.

슐츠 또한 누구보다도 공감 능력이 뛰어났다. 그는 고객에게 감성적으로 접근하기 위해 수시로 임직원들과 머리를 맞대고 토론하였다.

"아무리 커피 맛이 뛰어나다고 해도 고객들이 알아주지 않으면 의미가 없습니다. 고객들이 찾아올 수 있도록 만들어야 합니다. 그것은 고객들의 눈높이에 맞춰 우리만의 감성으로 접근하는 것입니다. 내가 이탈리아에 갔을 때 크게 감명 깊었던 것은 커피숍의 인테리어에 있어 고객들의 취향에 잘 맞게 꾸밈은 물론 음악이나 커피잔, 다양한 커피의 안내 책자 등 사소한 것까지도 고객의 눈높이에 맞췄다는 것입니다. 그리고 분위기가 주는 따뜻함과 정서적인 안정은 참 인상 깊었습니다. 이에 우리는 우리만의 방식을 시도해야 한다고 생각합니다. 여러분에게 좋은 의견이 있으면 언제든지 내주세요. 적극적으로 반영토록 하겠습니다."

슐츠의 말은 임직원들에게 큰 울림을 주었으며, 직원들은 각자가 생각하는 의견을 내놓았다. 의견에 의견이 더해지니 공감하는 바가 더 크고 넓어지고 깊어졌다.

커피를 분위기 있게 마실 수 있는 '로맨스 맛보기'라든가, 가격을 저렴하게 해서 누구나 같은 커피를 마시게 함으로써 동질감을 느끼게 하는 '저렴한 사치'라든가, 고객들이 잠시라도 몸과 마음을 편히 쉴 수 있도록 최대한 빠르게 서비스를 하고 불편을 주지 않는 '오아시스'라든가, 고객들이 편안하고 안락하게 교류할 수 있도록 인테리어와 음악 등 말 그대로 고객들이 만족할 수 있는 시스템을 개발하였다. 그 결과는 대만족이었다. 고객들이 줄을 이었고, 매우 만족해했다.

"역시 사장님은 탁월한 감성을 지닌 분이야."

"맞아. 우리는 그것을 확연히 느꼈고, 매일 느끼고 있잖아."

직원들은 이렇게 말하며 슐츠의 감성적 공감 능력에 대해서 만족해했다.

슐츠는 제품이나 인테리어 등에 못지않게 마케팅에도 깊은 관심을 두고 주력하였다. 마케팅 역시 직원들과 격의 없는 대화를 통해 참신한 아이디어를 끌어내게 했으며, 직원들이 적극적으로 자기 생각을 말하게 했다. 그리고 아이디어와 의견을 반영하여 마케팅에 적극 시도하였다.

슐츠가 마케팅에 주력한 것은 아무리 제품이 우수해도 고객들이 외면하면 그것은 좋은 제품이 아니라는 생각에서다. 고객들이 아끼고 사랑해주어야만 좋은 제품으로서 가치가 있다고 믿었다. 고객들이 제품에 관심을 갖게 하는 것, 이것이 마케팅의 역할이고, 광고 등 홍보를 통해 마케팅 전략이 먹힐 때 비로소 고객은 제품에 관해 집중한다. 이때 고객들의 감성을 두드리는 '감성적 공감력'을 키운다면 놀라운 결과를 낳게 된다.

그렇다면 상대방과 대화를 함에 있어 감성적 공감을 불러일으키기 위해서는 어떻게 해야 할까.

감동으로 이끄는
감성적 공감을 불러일으키는 법

01_ 상대방이 내 말에 공감하도록 최대한 상대에게 진정성을 보여주어야 한다. 진정성을 믿게 되면 공감하는 데 문제가 없다.

02_ 상대에게 친근하게 대하고 호감을 느끼도록 해야 한다. 사람은 누구나 자신에게 친근하게 대해주는 사람에게 공감하게 된다.

03_ 상대에게 예의를 지키고 배려해야 한다. 누구나 자신에게 예의를 다 하고 배려하는 사람에게 공감하게 된다.

04_ 상대가 자신의 말을 쉽게 이해할 수 있도록 말하고 행동해야 한다. 언행이 일치할 때 공감대는 더 높이 형성되는 법이다.

05_ 상대의 말을 잘 들어주고, 상대가 자신의 말에 긍지를 갖도록

하라. 그리고 그런 다음 자신의 이야기를 함으로써 상대가 공
감하도록 해야 한다.

06_ 상대방이 말할 때 리액션을 활용하라. 상대방은 자신의 말이
인정받는다고 여기고 공감을 표하게 된다.

07_ 상대방의 마음을 움직이는 데는 상대방의 감성을 자극하는 것
이 좋다. 상대방이 좋아하는 음악이나 미술, 또는 취미나 좋아
하는 것 등을 대화에 적극적으로 반영한다면 의외로 좋은 결
과를 얻게 된다.

08_ 일을 목적으로 대화를 할 땐 미리 상대방이 좋아하는 것이 무
엇인지 알아두는 것이 좋다. 그리고 그것에 맞게 작은 선물을
준비한다면 상대방은 감동하게 된다. 자신이 대접받는다는 느
낌이 들기 때문이다. 이를 적극적으로 반영하라.

09_ 상대방과의 대화에서 자신이 필요로 하는 것을 얻고자 할 땐
상대방이 좋아하는 장소를 미리 알아보고 약속 장소로 정하는
것이 좋다. 대화에서 분위기는 매우 중요하다. 이를 잘 살릴
수 있도록 센스를 길러라.

대화할 때 상대방의 공감을 불러일으키기 위해서는 '감동으로 이
끄는 감성적 공감을 불러일으키는 법' 아홉 가지를 반드시 숙지하고
몸에 습관화시켜라.

같은 내용의 대화라도 감동을 주는 감성적 대화는 상대방의 공감을 불러일으키는데 매우 효과적이다. 이를 적극적으로 반영토록 한다면 생산적인 대화를 하는 데 큰 도움이 될 것이다.

둘째, 끈기와 인내심으로 상대를 설득하라.

무슨 일을 하더라도 반드시 그 대상은 사람이다. 사람과 사람 간에 있어 커뮤니케이션은 매우 중요하다. 소통하다 보면 물결 흐르듯 자연스러운 경우도 있고, 인내를 요구할 때도 있다. 특히, 상대방에게 자기 생각을 어필할 땐 더더욱 인내를 필요로 할 때가 있다. 이럴 때 끈기 있게 인내를 갖고 상대를 설득할 수 있어야 한다. 그래서 상대가 공감하게 되면 결과는 매우 만족스러운 성과를 이루게 된다.

슐츠는 스타벅스를 인수하고 많은 어려움에 봉착했다. 투자자를 모집해서 자본을 확보하다 보니 무엇을 하더라도 자금이 필요했고, 경영하기에 늘 부족함을 느꼈다. 슐츠는 이를 극복하기 위해 수익성 좋은 음료 회사 사장인 로렌즈 말즈의 경영노하우가 필요해 그를 스타벅스에 참여시키기 위해 공을 들였다.

"사장님, 우리는 사장님의 탁월한 경영노하우가 필요합니다. 우리 회사에 투자하십시오. 그래서 우리 회사에 힘이 되어주세요."

"지금 우리 회사를 이끌어 나가는 것만으로도 벅찹니다. 미안해요. 이렇게밖에 말할 수 없어서."

"사장님, 말씀은 그렇게 하시지만 저는 사장님의 능력을 잘 압니다. 그 능력을 저와 우리 회사를 위해 써주십시오. 부탁드립니다."

처음 얼마간 주저하던 그는 슐츠의 끈기 있게 설득하는 인내심과 발전 지향성을 보고 마침내 투자를 결정하고 수석부사장이 되어 자신의 경영노하우를 쏟아부었다.

또 한 가지 예로, 스타벅스가 체인점을 두기 위해서는 그에 따른 경영노하우가 있어야 하는데 슐츠에게는 그런 경험이 없었다. 슐츠는 자신의 부족한 경험을 쌓기 위해 소매회사에 대해 잘 아는 사람을 물색하던 중 제프 브로트만이라는 사람을 알게 되었다. 그는 '코스트코 도매회사'를 설립해 100개가 넘는 매장과 250개가 넘는 물류창고를 가지고 있는, 그야말로 소매회사에 관한 한 베테랑이었다. 슐츠는 그에게 도움을 청하였다.

"사장님, 저는 커피 회사를 지금과는 다르게 키워보고 싶습니다. 고객들이 만족하는 철저하게 고객들을 위한 그런 회사를 키우는 게 꿈입니다. 그런데 소매회사에 대한 경험이 없습니다. 제가 아는 사장님은 제게 가르침을 주실만 한 충분한 능력을 갖춘 분이라고 생각합니다. 제게 가르침을 주십시오. 사장님이시라면 저를 잘 이끌어 주시리라 믿습니다."

고객을 생각하는 슐츠의 마음에 공감한 제프는 그의 청을 받아들여 스타벅스에 참여하고 이사회에서 아낌없는 조언자가 되었다.

슐츠는 자신이 취하고자 하는 것은 상대가 누구든 끈기와 인내심으로 설득하였다. 그의 진정성 어린 끈기와 인내는 사람들로 하여금 자신을 돕게 하는 데 크게 작용하였다. 끈기 어린 그의 인내의 설득은 사람들의 마음에 공감을 불러일으키는 큰 힘이 되었다.

상대방과의 대화에서 특히, 상대의 마음을 사기 위해서는 끈기와 인내심을 갖고 상대와 대화를 이어나가야 한다. 대화의 목적이 설득을 위한 것이라면 끈기와 인내는 더욱 필요하다. 이를 위해 어떻게 하는 것이 좋을까.

끈기와 인내심으로
상대를 설득하는 법

01_ 끈기 있는 자세는 상대에게 믿음을 심어준다. 저 사람과 무엇이든 함께 하면 자신에게 유익이 따를 거라고 믿기 때문이다. 끈기는 상대에게 좋은 이미지를 심어주는 '마인드 칩'이다.

02_ 강인한 의지를 보여주어라. 사람들은 의지가 강한 사람에게 관심을 갖고, 그가 자신과 함께하기를 바란다. 강인한 의지는 상대에게 믿음 그 자체이다.

03_ 상대에게 절대 허약한 모습을 보여서는 안 된다. 아무리 좋은 조건을 갖췄다 하더라도 허약하다면 상대에게 불신을 받게 된

다. 자신을 강하게 단련시켜라.

04_ 자신이 원하는 것을 얻기 위해서는 때론 거슬리는 것도 참을 수 있어야 한다. 그런 사람만이 자신이 원하는 것을 취할 수 있다.

05_ 사람은 누구나 자신에게 관대하다. 자신에게 관대하면 자신을 이기지 못한다. 자기에게 엄격하게 해야 자신을 이길 수 있다. 자기를 이길 수 있는 사람은 가장 인내심이 강한 사람이다.

대화에서 설득을 통해 좋은 결과를 얻기 위해서는 끈기와 인내심이 필요하다. 특히, 밀고 당기는 일이라면 더욱 끈기와 인내심을 갖고 임해야 한다. 밀고 당기는 일에서 좋은 결과를 얻기 위해서 '끈기와 인내심으로 상대를 설득하는 법' 다섯 가지를 필히 숙지하여 대화에 적용한다면 양질의 대화를 통해 좋은 결과를 얻게 될 것이다.

셋째, 가족처럼 상대를 아끼고 존중하라.

상대가 직원이든 고객이든 그 누가 됐든 가족처럼 아끼고 존중하는 마음으로 대하면 크게 감동하게 된다. 가족처럼 대하는 마음은 사랑의 마음이며 따뜻한 관심의 마음이기 때문이다.

생각해보라. 누군가가 자신을 대할 때 지극한 마음으로, 존중하는 마음으로 대하면 어떤 생각이 들지를. 자신 또한 그가 자신에게 했던 대로 대하게 될 것이다. 그리고 나아가 그와 좋은 관계를 이어가고 싶을 것이다.

슐츠는 직원을 가족처럼 여기고 사랑했다. 그는 스타벅스를 직원이 사랑하는 회사로 만들고 싶었다. 그렇게 되면 직원들은 회사의 진정성을 이해하고 회사에 종속된 직원이 아니라 '동업자'로 인식하여 자신이 직접 경영하는 회사같이 몸과 마음을 다해 회사를 사랑할 거라고 믿었다. 그는 이 믿음을 바탕으로 직원들을 위한 정책을 펼쳐나갔다.

먼저 의료보험에 대해 정책을 세웠다. 의료보험은 고비용이 들어가는 것으로 회사로서는 막대한 운영자금이 필요하다. 그런데도 의료보험을 실시하기로 한 것은 직원을 내 가족처럼 생각하는 마음에서였다. 직원이 마음 놓고 일할 수 있는 분위기를 만든다는 것은 직원을 위하는 일임과 동시에 회사를 위하는 일인 것이다. 결심을 굳힌 슐츠는 이사회에서 자기 뜻을 밝혔다. 그러자 이사들은 재정에 부담이 간다며 반대하였다. 이에 슐츠는 다음과 같이 말했다.

"우리는 직원들을 가족처럼 대해야 합니다. 그러면 그들 또한 마음을 다해 회사를 아끼고 사랑할 것입니다. 직원들에게 의료보험 혜택의 폭을 넓힌다는 것은 회사로서는 고비용이 드는 일이지만 그래도 우리는 해야 합니다. 그것 또한 회사를 위한 투자니까요."

"사장님 뜻은 잘 압니다. 그러나 아무리 뜻이 좋다고 해도 재정 부담을 지면서까지 한다는 것은 곤란합니다."

슐츠의 말에 한 이사가 적극적으로 반대하며 말했다.

"압니다. 하지만 그래도 우리는 해야 합니다. 직원들을 위하는 일은 곧 우리 회사를 위하는 일이니까요. 직원들이 자신들을 위해 회사가 이처럼 노력한다는 것을 안다고 해보세요. 직원들은 더 열심히 최선을 다할 것입니다. 그런데 그걸 알면서 재정 부담 때문에 하지 못한다는 것은 결국 회사가 잘 될 수 있는 기회를 포기하는 거와 같습니다. 여러분, 우리는 같은 배를 탄 한 가족입니다. 우리는 힘을 모아야 합니다. 그렇게만 한다면 반드시 놀라운 결과가 우리를 기쁘게 맞아 줄 것입니다.”

거듭되는 슐츠의 말에도 이사들은 회사에 재정 부담을 지우는 일이라며 회의적인 반응을 보였다. 하지만 슐츠는 재정 부담이 되는 건 사실이지만 이는 회사를 잘되게 하는 투자와 같다며 줄기차게 설득하였다. 마침내 이사들을 공감하게 함으로써 자신의 뜻을 관철시켰다.

그리고 임직원 모두에게 스톡옵션Stock Option을 주기로 했다. 스톡옵션이란 '기업에서 임직원에게 일정 기간이 지난 후에 자사의 주식을 미리 약정한 가격에 매입할 수 있는 권리'를 말한다. 그러나 이사들의 반대에 부딪혔다. 일부 이사들은 자신들이 투자한 지분이 줄어든다는 이유에서였다.

슐츠는 스톡옵션은 회사가 성장하는데 큰 밑거름이 되어주는 생산적인 일이라고 설득하였다. 즉, 임직원들이 더욱 열정을 갖고 일할 수 있도록 한다면 회사도 임직원 모두에게 고루 혜택을 돌려준다는 논리였다.

그의 말에 공감한 이사들은 슐츠의 계획에 손을 들어주었다. 이 계획을 발표했을 때 직원들은 환호하였다. 그리고 자신들을 그처럼 생각해주는 고마움에 더욱 열심히 노력하였다. 직원들을 아끼고 사랑하는 슐츠의 따뜻한 마음에 감복하고 공감한 직원들은 내 일처럼 열심히 일했고 마침내 스타벅스는 최고의 커피 회사가 되었다.

대화에서 상대방에게 감동과 공감을 주어 좋은 결과를 얻기 위해서는 어떻게 해야 할까.

상대를 가족처럼 사랑하고 존중하는 법

01_ 가족을 대하는 것처럼 따뜻한 마음으로 상대방을 대해주어라. 상대방은 그 하나만으로도 크게 감동하게 된다.

02_ 상대를 존중하는 자세를 갖고 대하라. 상대방은 자신이 존중받는다고 여겨 자신 또한 마음을 열고 다가오게 된다.

03_ 최대한 부드럽고 따뜻한 자세로 대화하라. 사람은 누구나 자신을 따뜻하게 대해주는 사람과 좋은 관계를 맺고 싶어 한다. 그리고 그 사람과의 대화를 즐거워한다.

04_ 상대방이 혹여 잘못하는 일이 있더라도 감싸주고 다독여주어라. 상대는 따뜻한 배려에 더욱 감사하게 여겨 자신의 열정을

다 할 것이다.

05_ 상대방이 잘하는 일에 대해 칭찬을 아끼지 마라. 칭찬은 돈 들이지 않고 상대를 즐겁게 하고 상대를 긍정적으로 만드는 마력과 같다. 칭찬은 가장 효과적인 인생의 보너스이다.

대화를 할 때 '가족처럼 상대를 사랑하고 존중하는 법' 다섯 가지를 적용한다면 상대에게 좋은 이미지를 심어주게 된다. 가는 말이 고와야 오는 말이 곱듯, 자신이 먼저 상대방을 가족처럼 대해주면 상대방 역시 마음을 열고 따뜻하게 다가온다. 슐츠의 공감 대화법을 세 가지 관점에서 잘 적용한다면 아름답고 좋은 결과를 낳게 될 것이다.

슐츠는 어린 시절 미국 연방정부 보조 주택 지역인 브루클린 카니지 빈민촌에서 생활할 만큼 지독하게 가난했다. 하지만 그는 유대인 특유의 집념과 끈기를 바탕으로 하여 사람들을 공감하게 하는 감성적 공감 능력이 뛰어났다. 그는 공감 대화법을 통해 투자자를 끌어들였고, 자신에게 도움을 줄 만한 사람들로부터 도움을 이끌어냈으며, 직원들과 고객들을 공감하게 함으로써 자신의 꿈을 현실로 이뤄냈다.

슐츠는 인간관계에서 '공감 대화법'이 얼마나 중요한지를 잘 보여준 공감 대화법의 명수이다.

02

상대의 관심을
유도하는 질문 대화법

마크 저커버그

(Mark Zuckerberg 1984~)

페이스북의 설립자이자 CEO다. 어려서부터 컴퓨터에 재능을 보여 11살 때 프로그램을 개발할 정도의 영재였고, 2002년도에 하버드 대학에 입학하여 자신의 동문을 관리하는 프로그램을 개발하였는데 그게 바로 페이스북이다.

'질문'은 상대의 관심을 유도하는 데 매우 효과적이다. 어떤 문제에 대해 설명식으로 말을 하면 상대에 따라 "아, 그렇군요."라고 말할 수도 있고, 아무런 반응을 보이지 않을 수도 있다. 하지만 질문하는 형식으로 말을 하면 대개는 관심을 갖고 자신의 생각을 말하곤 한다.

왜 그럴까. 사람들은 누구나 할 것 없이 대개 자신의 감정이나 생각을 표현하고자 하는 욕망이 내면에 깔려있다. 그렇다고 해서 아무 관계도 없이 자기 생각을 표현하지 않는다. 왜냐하면 자신의 생각을 말할 기회가 주어진 것도 아닌데, 자칫 우스꽝스러운 사람이 될 수도 있다는 생각에서다. 하지만 질문을 받는다면 생각이 달라진다. 이때다 싶어 자신의 생각을 넌지시 말한다. 이처럼 질문은 상대의 생각을 말하게 하기에 매우 유리하고 자연스럽다.

이에 대해 경영컨설턴트이며 인간관계 전문가이자 《Yes를 끌어내는 설득의 심리학》의 저자인 레스 기블린Les Giblin은 다음과 같이 말했다.

"상대방에게 자신의 의견을 말하게 하라. 그가 자기주장을 펼칠 때까지 끼어들지 말고, 자기 생각을 마음껏 이야기할 기회를 주어야 한다. 중간에 말을 가로막거나 끼어들면 그 사람의 자아는 상처받기 때문이다. 누구에게나 자기만의 사고방식이 있다. 상대가 그 일부를 발설하지 않는 한 마음의 문은 열리지 않는다. 내 의견을 듣게 만들고 싶다면 먼저 그의 의견부터 들어야 한다."

레스 기블린의 말에서 보듯 상대가 자신의 의견을 말할 수 있도록 하기 위해서는 상대에게 자연스럽게 질문을 유도하는 것이 효과적이다.

그리고 질문의 효과에 대해 독일의 철학자 쇼펜하우어Schopenhauer는 자신의 저서 《논쟁에서 이기는 38가지의 방법》에서 이렇게 말했다.

"자신의 의견을 상대에게 분명하게 이해시키려면, 자신의 주장을 내세우고 그것을 상대에게 입증해야 하는 사람은 상대방을 향해 질문하는 태도를 취해야 한다. 이것은 상대방의 입에서 직접 나온 고백들을 근거로 삼아 자신의 주장이 참됨을 입증하기 위한 것이다."

쇼펜하우어의 말을 보면 질문을 통해 상대가 말하게 하고, 그가 한 말을 근거로 삼아 자신의 생각이 옳다는 것을 입증하기에 질문이 매우 효과가 있다는 말이다. 왜냐하면 상대가 한 말 중에는 자신과 같은 생각도 있지만, 자신의 생각과 다른 것이 있다면 그것을 근거로 자기 생각을 말하는 데 매우 유리하기 때문이다.

상대방에게 질문을 하고 상대의 생각을 이끌어내 자신에게 유리하게 하는 문답 형식의 방법은 고대 철학자들 사이에 즐겨 이용된 방법으로 이를 '소크라테스Socrates 방법'이라고 한다.

동기부여가이자 커뮤니케이션 컨설턴트인 도로시 리즈Dorothy Leeds는 질문의 7가지 힘에 대해 다음과 같이 말했다.

"첫째, 질문을 하면 답이 나온다. 둘째, 질문은 생각을 자극한다. 셋째, 질문을 하면 정보를 얻는다. 넷째, 질문을 하면 통제가 된다. 다섯째, 질문은 마음을 열게 한다. 여섯째, 질문은 귀를 기울이게 한다. 일곱째, 질문에 답하면 스스로 설득이 된다."

도로시 리즈의 말은 질문이 대화에서 미치는 영향이 얼마나 큰지를 잘 알게 한다.

질문은 단순히 모르는 것을 묻거나, 궁금한 것을 환기하는 수단이 아니다. 질문은 상대의 생각을 이끌어내고 그것을 통해 답을 구하고, 관심을 갖게 만들고, 상대의 마음을 열게 하는 '마인드 키Mind Key'와 같다고 하겠다.

마크 저커버그의 질문 대화법

페이스북 공동설립자이자 CEO인 마크 저커버그Mark Zuckerberg는 약관의 20대에 이미 세계적인 부호가 되었고, 날마다 자신의 꿈의 역사를 새로이 쓰고 있다. 저커버그는 포브스가 선정한 세계 억만장자 순위에서 1위 아마존 CEO 제프 베이조스, 2위 마이크로 소프트 설립자 빌 게이츠, 3위 루이뷔통 모에 헤네시 CEO 베르나르 아르노, 4위 버크셔 해서웨이 CEO 워런 버핏에 이어 750억 달러로 5위에 랭크되었다. 이는 놀라운 일이 아닐 수 없다. 그는 이제 겨우 36세에 불과하기 때문이다.

약관의 나이에 억만장자 5위에 오른 비결은 어디에 있는가. 그의 천부적인 재능과 창의적이고 성실한 마인드에 있다. 또한 사람들과 끊임없이 소통하며 새로운 비전을 향해 진화를 멈추지 않는 데 있다. 그는 사람들과의 관계에 있어 소통의 중요성을 일찍이 간파하고 페이스북을 설립하였는데 이것이 현시대적 상황과 잘 맞아떨어짐으로써 오늘의 그가 된 것이다.

저커버그는 사람들과의 대화에 있어 '질문화법'을 잘 구사한다. 그가 질문을 잘 활용하는 것은 어린 시절 부모의 교육에 힘입은 바가 크다. 그는 치과 의사인 아버지 에드워드Edward와 정신과 의사인 어머니 캐런Karen사이에서 태어났다. 그의 부모는 유대인으로 어린 시절 그는 철저한 유대 교육을 받았다. 다른 유대인 부모들이 그러하듯 저커버그의 부모는 그에게 유대인으로서의 긍지와 자부심을 심어주었으며 정직함에 대해, 성실함에 대해, 참고 견디는 인내심에 대해, 배려하고 자선하는 일에 대해 그리고 무엇보다 유대인으로서의 책임감과 의무감에 대해 가르쳤다. 특히, 저커버그의 아버지는 아들에게 지대한 관심을 갖고 그가 원하는 바에 따라 자신의 시간을 할애하는 것을 아주 기쁘게 생각했다.

저커버그는 중학생 시절부터 프로그래밍을 시작했는데, 아버지로부터 아타리 BASIC 프로그래밍 교육을 받았다. 배움의 속도가 매우 빨라 더는 자신이 가르칠 수 없자 소프트웨어 개발자인 데이비드 뉴먼으로부터 개인지도를 받게 했다. 배운지 얼마 안 돼 프로그래밍 기술을 모두 배웠을 뿐만 아니라 다양한 프로그램을 만들어냈다. 뉴먼이 저커버그를 신동이라며 감탄할 만큼 재능이 뛰어났다.

저커버그는 자신이 궁금한 것이나 알고 싶은 것은 주저하지 않고 질문을 했으며, 자신이 생각하는 것이 맞는지 아닌지를 질문함으로써 스스로 옳고 그름을 터득하게 되었다. 그러니까 자신이 알고 싶은 것은 질문을 통해 알아냈고, 그것을 통해 자기 생각을 입증하는 능력을 키웠던 것이다.

가령 "좋아하는 책만 읽어서는 안 된다."라고 그의 어머니가 말을 하면 "예."하고 대답하는 것이 아니라, "왜 좋아하는 책만 읽으면 안 되는데요?"하고 되물었다. 그러면 어머니는 "안 될 거야 없지. 하지만 골고루 음식을 먹어야 건강에 좋듯 책도 골고루 읽어야 다양한 지식을 기를 수 있단다. 그러니 다양한 책을 읽으렴."하고 말해주었다. 그러면 저커버그는 "네, 그럴게요." 하고 대답하며 그대로 실천하였다. 그러는 과정에서 책은 좋아하는 책만 읽어서는 안 된다는 것과 다양한 책을 읽는 것이 얼마나 자신에게 도움이 되는지를 실천을 통해 터득하였다.

저커버그의 질문은 컴퓨터를 배우면서 한층 더 심화하였다. 단순한 것의 이야기와는 달리 복잡하고 다양한 기능의 컴퓨터를 배우기 위해서는 모르는 것이 많고, 궁금한 것도 알고 싶은 것도 많아 그의 입은 늘 질문을 하기 위해 오물거릴 정도였다. 저커버그의 질문은 아버지를 때때로 당황하게 하고, 개인교습을 하던 소프트웨어 개발자인 데이비드 뉴먼을 놀라게 했다. 다른 아이들은 대개 "이렇게 해 보렴."하고 말하면 "예." 하고 그대로 따르는데 저커버그는 "이렇게 해도 좋지만 저렇게 하면 안 될까요?"하고 되묻곤 했다. 이러한 질문은 아버지나 뉴먼을 자신에게 더 집중하게 했고, 그러는 가운데 자신의 생각이 틀리지 않다는 것을 스스로 입증하려고 했다. 그리고 그것은 그가 재능을 키워나가는 데 큰 힘을 발휘했던 것이다.

저커버그는 어린 시절부터 질문이 주는 효과를 스스로 터득했고. 이는 그가 사람들과의 대화에 있어 자신을 유리하게 하는데 크게 작용하였다.

저커버그의 질문 대화법에는 크게 두 가지 특징이 있다.

첫째, 자기 생각을 질문형식으로 말했다. 상대에게 물어봄으로써 상대의 반응에 따라 자기 생각이 옳다거나 자신이 하고자 하는 일을 해도 되겠다는 확신을 가졌던 것이다. 그는 뉴햄프셔주에 있는 명문 사립학교인 필립스 엑세터 아카데미에 다니던 시절 친구인 애덤 단 젤로에게 자신의 생각을 물어보았다.

"단젤로, 음악 프로그램을 만들려고 하는데 네 생각은 어때?"

"음악 프로그램?"

"응. 프로그램을 만들면 매우 흥미로울 것 같은데, 너도 그런 생각 이 드니?"

"응. 괜찮은 것 같은데."

"그래?"

"응. 그럼 우리 한번 만들어 보자."

여기서 우리가 주목해야 할 것은 저커버그가 단젤로에게 "우리 함께 음악 프로그램을 만들지 않을래?"라고 하지 않고도 그가 자기 생각을 따르게 했다는 사실이다. 즉, 단젤로에게 자신의 생각을 말하면서 그가 함께 해주리라 믿고 그의 생각을 묻는 식으로 말했던 것이다.

둘은 머리를 맞대고 연구한 끝에 음악재생 프로그램인 시냅스 미디어 플레이어를 만들어냈다. 소문을 듣고 마이크로소프트사에서 찾아와 100만 달러에 팔라고 했지만 팔지 않았다. 또한 미국에 있는 세계 최대의 PC 통신 서비스 회사인 아메리카 온라인에서도 팔라고 했지만 그의 대답은 역시 같았다. 이유는 무료로 프로그램을 공개하기 위해서였다. 저커버그가 100만 달러에도 시냅스 미디어 플레이어를 팔지 않고 무료로 공개하자 친구들과 주변 사람들은 놀라워했다. 이는 그가 사람들에게 도움 주는 것을 기쁨으로 알았기 때문이다. 저커버그는 사람들이 기뻐하는 것을 보면 너무도 행복했다. 자신이 누군가에게 기쁨을 주는 것처럼 행복한 일은 없다고 생각했던 것이다.

2002년 세계 최고의 명문대학인 하버드대학에 입학한 그의 관심은 여전히 컴퓨터였다. 그는 무언가를 끊임없이 개발하고 싶은 욕구에 사로잡혀 있었다. 그러다 페이스북에 관해 관심을 두게 되었는데, 이는 대학생들 간의 교류를 위해서였다.

그리고 연구 끝에 한 달도 안 돼 프로그램을 만들고 2004년 1월 11일 레지스타닷컴에서 도메인 '더 페이스닷컴'을 35달러에 사서 등록했다. 그는 서버 사용료로 매월 85달러를 온라인 회사에 내기로 했다. 그리고 2004년 2월 4일 '더 페이스북'에서 비스를 시작했다. 놀라운 일이 벌어졌다. 더 페이스북 사용자들이 빠른 속도로 늘어나기 시작했다. 개설한 지 일주일도 안 돼 재학생 절반이 회원으로 가입하였다. 더 페이스북에 가입하려면 하버드대학의 이메일 주소를 가지고 있어야 하고 실명으로 가입하면 되었다. 재학생은 물론 대학원생, 졸업생, 교직원도 가입할 수 있었다.

　　더 페이스북을 사용해 본 사람들은 하나같이 만족해했다. 사용자들은 자신의 정보를 올리며 친구들과 열심히 교류하였다. 폭발적인 반응이었다.

　　저커버그는 회사를 만들어도 좋겠다는 확신이 서자 자신이 마음에 두고 있던 친구인 더스틴 모스코비츠와 에두아르도 세브린, 크리스 휴스에게 말했다.

　　"우리 함께 회사를 만드는 게 어떨까?"

　　"회사를 만들자고?"

　　모스코비치가 말했다. 그러자 친구들의 관심이 집중되었다.

　　"응. 나는 회사를 만들면 좋을 것 같은데, 너희들 생각은 어때?"

　　"그것참 좋은 생각이야. 난 저커버그와 함께 하겠어."

가만히 듣고 있던 휴스가 두 눈을 반짝이며 말했다. 그러자 "나도 같은 생각이야." 세브린도 브이 자를 해 보이며 말했다.

"다들 고마워. 우리 멋지게 하는 거야."

저커버그와 친구들은 두 손을 높이 치켜들고 파이팅을 외쳤다.

그는 친구들에게 "우리 같이 회사를 만들자."라고 하지 않고 친구들의 생각을 묻는 식으로 그들 스스로 동참하게 했다.

앞의 이야기에서 보듯 저커버그는 상대방에게 물어봄으로써 자기 생각대로 일을 추진하는 데 놀라운 능력을 발휘했다.

둘째, 상대방의 말을 되묻는 형식을 취했다. 이는 상대방의 생각을 자극하게 되고, 그럼으로써 자신이 원하는 답을 얻거나 귀를 기울이게 만들기 때문이다.

그는 사무실을 캘리포니아주 팔로알토로 옮겼다. 그리고 파일 공유 서비스 냅스터의 공동창업자인 숀 파커를 사장으로 임명하였다. 그리고 회사명을 더 페이스북에서 '페이스북'으로 바꿨다.

페이스북 사용자 수는 빠르게 늘어갔다. 그러자 회사를 운영하는 자금도 더 많이 필요하게 되었다. 하지만 운영자금은 문제 될 게 없었다. 여기저기서 출자를 하겠다고 찾아왔기 때문이다.

"우리 회사가 출자를 하고 싶습니다."

페이스북의 미래를 보고 액셀파트너스사가 출자 의사를 내비쳤다.

"왜 우리 회사에 출자하고 싶은가요?"

"우리는 페이스북에서 희망을 보았기 때문입니다."

"그래요? 그렇다면 우리 회사가 잘 될 수 있다는 확신을 가져도 되겠군요. 그 말을 믿어도 되겠지요?"

"물론입니다."

"좋습니다. 제안을 받아들이겠습니다."

그는 출자하는 회사에게도 자기 생각을 되물음으로써 우리는 잘할 수 있다는 강한 확신을 상대방에게 심어주었고, 상대방 또한 자신의 믿음을 보여주었다.

저커버그에게 스티브 잡스와 빌 게이츠가 꿈의 롤 모델이었다면 〈워싱턴포스트〉의 발행인인 도널드 그레이엄은 CEO의 롤 모델이다. 그는 자신이 존경하는 CEO의 롤 모델 도널드 그레이엄을 만나 경영방식의 배움을 요청할 때 이렇게 말했다.

"저는 저커버그라고 합니다. 회장님의 경영방식은 제가 가장 닮고 싶은 방법입니다."

"그래요? 그렇게 말해주니 고맙군요."

"회장님, 회장님께서 취하신 경영방식에 대해 어떻게 생각하세요?"

"글쎄요. 나의 무슨 점이 그렇게 닮고 싶었나요?"

"회장님에 관한 거라면 무엇이든지요. 가르침을 주시면 안 될까요?"

"하하하, 그래요? 그 패기가 아주 맘에 드는군요. 자, 그럼 먼저 우리 회사에 대해 직접 살펴보도록 해요."

도널드 그레이엄은 만면 가득 웃음 지며 저커버그에게 회사를 살펴보게 했으며, 그에게 귀감이 될 만한 이야기들을 들려주었다.

또 한 가지 아주 의미 있는 일화가 있다.

저커버그는 페이스북이 만들어지고 나서 얼마 동안은 광고에 관심이 없었는데, 페이스북 사용자가 5천만 명을 넘게 되자 서버 비용을 감당할 방법이 없었다. 매주 수십만 명이 새로 회원으로 가입하다 보니 새 서버 비용으로 수백만 달러가 필요했다. 그러다 보니 수익을 내야 하는데 그 방법으로 광고를 생각하게 된 것이다.

그런데 문제는 사용자들의 감정을 상하지 않게 하면서 광고의 효과를 거둘 수 있는 새로운 형식의 광고를 필요로 했다. 그래서 이리저리 인재를 찾은 결과 구글의 셰릴 샌드버그Sheryl Sandberg가 가장 적격이었다. 그녀는 '애드워즈AdWords' 프로그램을 지휘하는 글로벌 온라인판매 운영을 담당하는 부사장이었다.

저커버그는 예의를 갖춰 샌드버그에게 전화를 걸었다.

"안녕하세요? 저는 마크 저커버그입니다. 드릴 말씀이 있는데 시간 좀 내주시겠습니까?"

저커버그의 뜻밖의 전화에 샌드버그가 약간은 상기된 얼굴로 말했다.

"아 네, 마크 저커버그 씨군요. 그런데 무슨 일이시죠?"

"만나 뵙고 말씀을 드렸으면 하는데, 괜찮을까요?"

저커버그는 그녀가 혹시라도 거절하면 어떻게 하지, 라는 생각에 걱정이 되었지만 정중하게 말했다.

"아, 그래요. 좋습니다. 시간과 장소를 알려주시면 시간에 맞춰 찾아뵙지요."

샌드버그는 무슨 중요한 일이라도 있는 것 같아 흔쾌히 저커버그의 요청을 수락하였다.

"감사합니다. 시간과 장소를 정해 다시 연락드리겠습니다."

전화를 끊은 그의 얼굴엔 강한 의지가 불꽃처럼 이글거렸다.

약속 날이 되자 그는 심호흡을 크게 한번 하고는 약속 장소에 도착해 샌드버그가 오길 기다렸다. 잠시 후 샌드버그가 문을 열고 들어왔다.

"어서 오십시오. 마크 저커버그입니다."

저커버그는 자리에서 일어나 정중히 인사를 했다.

"안녕하세요? 셰릴 샌드버그입니다."

"만나 뵙게 되어 반갑습니다."

저커버그의 말에 샌드버그는 온화한 미소를 띤 채 말했다.

"날 보자는 이유가 무엇인가요?"

"아네, 여쭤보고 싶은 말이 있어 뵙자고 했습니다."

저커버그는 만나자고 한 용건을 말했다.

"아, 그래요. 무슨 말씀인지 해보시죠?"

"성장하고 있는 회사를 잘 경영하려면 어떻게 하는 것이 좋을까를 생각하다 샌드버그 부사장님을 생각했습니다. 부사장님이라면 충분히 제게 도움을 주시리라 믿었기 때문입니다. 부사장님, 제 생각이 틀리지 않았겠지요?"

"네? 하하하. 그렇게 얘기하니 내 입으로 말하기가 그렇군요."

"제 생각이 맞지 않나요?"

그는 다시 물었다. 그러자 샌드버그는 활짝 웃으며 자기 생각을 들려주었다. 저커버그는 그녀의 얘기를 주의 깊게 들었다. 샌드버그의 말 한마디 한마디는 저커버그의 가슴에 강한 확신을 심어주었다.

"오늘 많은 걸 배웠습니다. 감사합니다."

얘기를 끝내고 그녀에게 감사를 표한 저커버그는 다음에 만나 식사를 하면서 다른 얘기도 들려달라고 요청했다. 그러자 샌드버그는 흔쾌히 승낙했다.

그가 샌드버그를 만날 결심을 한 것은 샌드버그를 채용하라고 한 〈워싱턴포스트〉의 경영자 도널드 그레이엄 회장의 충고 때문이었다.

저커버그는 샌드버그를 여러 차례 만났다. 그녀를 만나면서 자신의 생각을 전달하고, 그녀의 됨됨이와 어떤 생각을 하고 있는지를 자세히 알고 싶었다. 자신과 뜻이 맞으면 20년이고 30년이고 같이 근무를 해야 할지도 모르는데 그러기 위해서는 자세히 알아야 한다는 것이 그의 생각이었다. 이때 그는 23세의 어린 나이였다. 하지만 이미 자기 나름의 지위를 확고히 평가받고 있었다. 저커버그는 여러 차례 샌드버그를 만나면서 그녀야말로 자신이 필요로 하는 사람이라는 걸 확신했다.

샌드버그를 채용하기로 결심을 굳힌 저커버그는 그녀에게 연락을 했다.

"마크 저커버그입니다. 오늘 중대한 말씀을 드리고자 합니다."

"그래요? 좋습니다. 약속 시간에 맞춰 뵙지요."

약속장소에 먼저 온 저커버그는 자신의 요청에 대해 그녀가 어떤 반응을 보일지 궁금해하면서도 한편으로는 기대에 부풀었다. 잠시 후 샌드버그가 문을 열고 들어왔다. 저커버그는 자리에서 일어나 정중하게 그녀를 맞이하였다.

"나와 주셔서 감사합니다. 제가 무슨 말을 하더라도 응해주실 거죠?"

저커버그의 신중한 태도에 샌드버그는 엷게 웃으며 말했다.

"네, 무슨 말이든 말씀하세요."

"저, 저의 페이스북에 부사장님의 자리를 하나 마련해 두었는데 그 자리에 주인이 되어주시겠습니까? 그 자리는 부사장님이 가장 잘 어울리는 자리라고 생각이 드는데요."

저커버그의 말에 샌드버그는 놀란 듯한 표정을 지었지만, 빙그레 미소 지으며 말했다.

"왜 제 자리를 마련해두었습니까?"

"실은 저와 같이 페이스북을 성장시킬 수 있는 우수한 비즈니스 파트너를 찾고 있었습니다. 그런데 부사장님이 바로 최적임자라고 확신했습니다. 저와 함께 페이스북을 멋지게 키워보시지 않겠습니까? 어떤가요? 제 생각이 맞지 않나요?"

이렇게 말하는 저커버그의 눈은 그녀를 간절히 원했다. 그의 모습을 잠시 바라보던 샌드버그가 말했다. "내가 생각하는 페이스북은 최고의 광고 환경을 갖췄으며, 내가 열정을 쏟을 만한 가치가 있는 회사라고 생각합니다. 저 또한 저커버그 씨와 같이 페이스북을 최고의 회사로 만드는 데 최선을 다할 생각입니다."

샌드버그의 말에 저커버그는 기쁨에 들떠 말했다.

"앞으로 좋은 파트너가 되어 페이스북을 키우는 데 힘이 되어주십시오. 제 청을 들어주셔서 진정으로 감사합니다."

"감사는 제가 해야지요. 저 같은 사람을 최고의 예로 맞아주셔서 감사합니다."

샌드버그는 이렇게 말하며 활짝 웃었다. 저커버그 또한 가장 행복한 미소를 지었다. 저커버그가 샌드버그를 영입하는데 면담한 시간은 모두 50시간이었다. 그만큼 샌드버그는 저커버그에게 필요한 인재였다.

샌드버그는 페이스북의 최고 운영책임자로 임명되었다. 그녀는 인터넷 광고에 대한 해박한 지식을 갖췄을 뿐만 아니라, 많은 광고주와 연을 맺고 있었다.

샌드버그는 부임하고 나서 한 달 동안 경영진 및 광고 책임자들과 토론을 벌이며 새로운 광고 전략을 구상했다. 그녀가 세운 광고 전략은 '소비자 참여형 광고engagement ads'였다. 이 광고는 첫해에만 1억 달러의 엄청난 수익을 가져다주었다. 이 광고는 노출만 중요시하던 광고에 사용자가 얼마나 참여 했는가를 도입하는 새로운 방식이었다. 이 광고 방식은 동영상에 댓글을 달거나, 설문 조사에 응하거나, 무료 샘플을 신청하도록 이끌어내는 것이다. 참여형 광고의 최대의 장점은 사용자가 댓글을 달면 그것을 보게 된 친구들 간에 대화가 이뤄지고 마케터들이 대중과 소통할 수 있다는 점이다. 이에 대한 예로 2018년 일본 마쓰다 자동차가 페이스북을 통해 자동차 디자인을 공모했는데 전 세계적으로 디자인과 관련 있는 많은 사람들이 잇따라 참여해서 성공을 거뒀다. 광고주들도 신문이나 텔레비전과 비교해 저렴한 광고비로 참여자들에게 그만큼의 더 나은 보상을 해주려고 하니 서로에게 좋은 이미지를 심어주는 장점이 있었다.

저커버그는 광고의 천재 샌드버그를 영입함으로써 페이스북을 크게 성장시킬 수 있었다. 그가 영입한 인재 중 파일 공유 서비스 냅스터의 공동창업자인 숀 파커 또한 페이스북이 성장하는 데 도움이 되었다. 저커버그는 경영에 뛰어난 능력을 보인 그를 통해 경영의 기술을 배울 수 있었다. 그는 마이크로소프트사가 2억 4천만 달러를 출자할 때, 자신이 존경하는 CEO의 롤 모델인 〈워싱턴포스트〉의 발행인인 도널드 그레이엄을 만나 경영방식을 배울 때, 광고의 천재 샌드버그를 영입할 때 등 매사 자기가 갖춰야 할 것을 갖춘 후 되묻는 질문방식을 통해 자신이 원하는 것을 얻어냄으로써 오늘의 그가 있게 되었다. 저커버그는 2010년 미국 경제잡지인 〈포브스〉가 선정한 '세계에서 가장 젊은 억만장자 10인'에서 1위에 선정되었고, 그해 페이스북의 사이트 접속 수는 구글을 제치고 1위를 차지했다.

현재 페이스북은 전 세계에서 약 16억 명이 회원으로 가입하여 활발하게 이용하고 있다.

마크 저커버그의
질문 대화법 적용하기

저커버그의 경우에서 보듯 그가 질문 대화법을 적절하게 잘 적용할 수 있었던 것은 유대인의 독특한 교육법에 기인한 바 크다. 유대인들은 둘만 모이면 토론한다. 토론에 있어 질문은 필수이다. 질문을 통해 상대방의 생각을 알 수 있고, 그에 따라 자기 생각을 상대방이 따르도록 묘수를 낸다. 또한 질문함으로써 상대방의 생각을 통해 정보를 얻게 되고, 자신이 원하는 답을 끌어낼 수 있다. 어린 시절부터 배우고 익힌 질의와 토론은 저커버그가 질문 대화법을 구사하는 데 큰 밑거름이 되어주었다.

앞에서 보았듯 질문형식의 대화가 상대에게 미치는 영향과 효과에 대해 충분히 인식되었을 것이다. 하지만 인식하는 것만으로는 질문 대화법이 자연스럽게 이루어지지는 않는다. 모든 것은 연습이 필요하고, 그것에 맞게 실천이 따라야 완전히 적용할 수 있다.

이를 위해서는 어떻게 해야 할까.

첫째, 미리 질문을 준비하라.

질문을 통해 원하는 것을 얻기 위해서는 상대방의 생각을 끌어낼 수 있도록 미리 질문을 준비하는 것이 좋다. 내가 이렇게 물었을 때 상대방이 뭐라고 할까를 예측할 수 있다면, 자기 생각을 상대에게 심어주기가 매우 유리하다. 상대방이 하는 말에 따라 자신의 생각을 적절하게 적용할 수 있기 때문이다.

저커버그는 구글의 광고 책임자 샌드버그를 만나기 전 그녀에 대해 미리 알아두고 만남을 요청했다. 그녀의 성격이 어떤지, 그녀의 인생철학이 무엇인지, 그녀는 무엇을 좋아하는지 등을 세심하게 살피고, 대화를 하는 도중 상황에 따라 적절하게 물어봄으로써 자신의 생각에 대한 그녀의 생각을 끌어내고 싶었던 것이다. 그리고 만약 그녀가 자기 생각을 받아들이지 않으면 그녀의 생각을 변화시키겠다는 의도도 있었다. 상대방에 맞춰 질문을 하면 그의 생각을 충분히 변화시킬 수 있다는 자신감이 있었기 때문이다. 질문 대화법으로 상대의 생각을 변화시킬 수 있음에 대해 일본 고마자와 여자대학 인문학 부교수인 도미타 다카시는 이렇게 말했다.

"한 가지 질문을 해도 되겠습니까? 이런 경우에는 어떻게 하면 되겠습니까? 하는 질문의 형식을 취하면, 상대방은 자신의 의견에 자문자답하는 것이 된다. 그렇군. 그런 일도 있을 수 있겠군. 이건 근본적인 생각을 고치지 않으면 안되겠는 걸. 이렇게 상대는 자신의 의견을 객관적으로 다시 보게 되어 자발적으로 수정하고, 질문한 사람의 의견에 귀를 기울이는 마음의 여유도 나오게 된다."

도미타 다카시의 말에서 보듯, 질문은 상대의 마음을 돌이켜 자신의 생각을 따르게 할 수 있다. 연습을 통해 이를 충분히 마음에 새기게 된다면 상대방의 대화를 자신이 원하는 쪽으로 이끌어 갈 수 있어 좋은 결과를 얻을 수 있다.

미리 질문을 준비하기 위해서는 어떻게 해야 할까.

미리 질문을 준비하는 법

01_ 상대방과의 만남에서 자신이 묻고 싶은 말을 미리 준비하는 것은 대화의 효율성을 높이기에 매우 효과적이다. 질문할 내용을 메모하여 입에 붙게 꾸준히 연습하라.

02_ 일로 인해 사람을 만날 때는 일에 대한 기본상식을 알아두는 것이 좋다. 특히, 전문분야에서는 더욱 짜임새 있는 질문화법으로 자신의 생각을 펼쳐 보여야 한다. 자신이 묻고 싶은 것을 사전에 충분히 검토하여 자연스럽게 입에 배게 하라.

03_ 자신이 하고 싶은 말을 되물음으로써 대화의 효율성을 높이는 것도 매우 요긴하다. 이 역시 메모하여 입에 배게 연습하라. 의외의 좋은 결과를 얻게 될 것이다.

효과적인 대화를 하기 위해서는 '미리 질문을 준비하는 법' 세 가지를 몸에 배도록 꾸준히 연습하라. 그렇게 되면 자연스럽게 질문 대화법을 통해 상대방과의 대화를 자연스럽게 이끌게 됨으로써 원하는 것을 얻는 데 큰 도움이 될 것이다.

둘째, 상대에 대한 예의를 갖춰라.

질문을 통해 상대에게 자신의 생각을 주입하기 위해서는 상대에 대한 예의를 갖추는 것이 좋다. 가령, 무턱대고 질문하는 것보다는

"저, 질문을 해도 되겠습니까?" 또는 "저는 이렇게 생각하는데, 제 생각에 대해 어떻게 생각하세요. 선생님이라면 좋은 방안이 있을 것 같은데, 이에 대한 선생님의 고견을 들려주시겠습니까?"라고 물어본다면 대개는 "물론이지요. 말씀해보세요."라고 말할 것이다. 자신이 상대로부터 예우를 받는다는 생각이 들기 때문에 흔쾌히 말하게 된다.

저커버그는 영리하게도 하버드 대학교 대선배인 빌 게이츠에게 만남을 요청할 때, "저는 선배님이 저의 선배님이라는 게 자랑스럽습니다. 선배님의 조언을 듣고 싶습니다. 시간을 내어 주시겠습니까?"라고 말했다. 그러자 일 초도 쪼개 쓰는 빌 게이츠는 "조언을 듣고 싶다고? 좋은 생각이네."라고 말하며 그에게 시간을 내어주었다. 그리고 친절하게 저커버그에게 자신의 경험을 들려주었다. 까마득한 후배인 그가 깍듯이 예의를 갖춰 말하는 것이 너무도 믿음직스러웠기 때문이다. 저커버그는 그가 누구든 자신이 필요로 하는 사람에게 예의를 갖춤으로써 자신이 원하는 것을 취할 수 있었다.

이렇듯 상대방과의 대화에 있어 예의는 필수이다. 이에 대해 16세기 영국의 정치가인 필립 체스터필드Philip Chesterfield는 이렇게 말했다.

"아무리 훌륭한 자질과 장점도 예의범절이 받쳐주지 못하면 불완전하고 눈에 띄지도 않으며, 때로는 쓸모없는 수준까지 전락한다. 예의 바른 몸가짐은 훌륭한 인격과 몸가짐을 겸비했을 때에만 가능한 것으로, 여기에 단 한 부분이라도 부족하면 다른 장점들 역시 빛을 발할 수 없다.”

인간관계에 있어 예의가 얼마나 중요한지를 알 수 있는 말이다.

상대방과의 대화에서 예의 있는 자세는 매우 중요하다. 상대방에게 좋은 이미지를 심어주게 되어 대화를 자연스럽게 만들어주기 때문이다. 예의를 갖추기 위해서는 어떻게 해야 할까.

예의를 갖추는 자세 기르기

01_ 상대방과의 대화에서 예의 있는 자세는 상대방에게 좋은 이미지를 심어준다. 상대방이 연장자일 경우 몸과 마음을 반듯하게 하는 것이 좋다. 흐트러지지 않는 자세만으로도 좋은 인상을 주게 된다.

02_ 상대방이 손아래일 경우 인격을 존중해주는 자세를 취하라. 상대방은 손아래지만 자신이 존중받는다고 여겨 한층 더 생산적이고 예의 있게 대화를 할 것이다. 따라서 대화의 결과도 유종의 미를 낳는 데 큰 도움이 된다.

03_ 상대방이 얘기할 땐 경청의 자세를 취하라. 사람은 누구나 자신의 얘기를 잘 들어주는 사람에게 깊은 관심을 갖게 되고, 좋은 관계로 이어지길 바란다.

04_ 대화 도중 이해가 잘 안 되는 부분이 있으면 "이해가 잘 안 돼서 그러는데 다시 한번 말씀해주시겠습니까?"라고 정중하게 묻는다면 상대방은 흔쾌히 얘기를 해주며 예의가 바른 사람이라고 여겨 좋은 이미지를 받게 된다.

05_ 질문을 할 땐 "뭐 좀 물어봐도 되겠습니까?"라고 말하며 엷게 미소 짓는 것이 좋다. 미소는 상대방의 마음을 편안하고 부드럽게 만들어준다. 상대방은 즐거운 마음으로 자신의 생각을 들려줄 것이다. 미소는 그 자체만으로도 이미 하나의 예의이기 때문이다.

같은 말도 어떤 자세로 하느냐에 따라 대화의 질이 달라진다. 상대방을 기분 좋게 하고 흡족하게 대화를 이끌어가는 것은 자신의 이미지를 좋게 해주는 최선의 대화법이다. 질문을 할 때는 예의를 갖춰야 상대방의 생각을 자연스럽게 끌어내어 화기애애한 가운데 대화를 이어가게 되고 좋은 결과를 얻는다.

셋째, 질문은 짧고 간단명료하게 하라.

"여러분, 우리는 신제품 개발에 집중한 지 2년 만에 우리가 원하는 제품을 드디어 출시하게 되었습니다. 그런데 문제는 이 제품을 어떤 방식으로 소비자들에게 홍보해야 할지 지혜를 모으기 위해 이 자리에 모였습니다. 현대사회에서 홍보의 중요성은 그 어느 때보다도 중요합니다. 홍보가 마케팅 전략에서 차지하는 비중이 그만큼 크다는 것이지요. 여기서 한 가지 분명히 하고자 하는 것이 있습니다. 《마케팅 불변의 법칙》공동 저자이자 미국 애틀랜타 마케팅전략 전문기업인 리스 앤 리스Ries & Ries의 회장인 알 리스는 '불변, 그것은 결코 변하지 않는 것을 의미한다. 좋은 마케팅 전략이란 바로 그런 것이다. 원칙은 절대 변하지 않는다'라고 말했습니다. 이 말이 의미하는 것은 시대를 떠나도 훌륭한 마케팅의 원칙은 변하지 않는다는 것입니다. 그러니까 여러분은 불변의 원칙 즉 '좋은 마케팅 전략'이 될 수 있는 아이템을 내 주기 바랍니다."

"여러분, 새로운 제품을 집중적으로 개발한 끝에 드디어 출시하게 되었습니다. 제품의 특성에 맞는 홍보 전략이 절대적으로 필요합니다. 이에 대한 여러분의 멋진 아이디어를 내주기 바랍니다."

앞의 두 문장은 제품을 출시하기 전 홍보에 대한 아이디어 회의에서 팀장이 한 말이다. 첫 번째 말과 두 번째 말 중 어느 말이 더 마음에 와닿을지 묻는다면 대개는 두 번째 말이라고 할 것이다. 왜 그럴까. 직원들은 이미 신제품에 대해 익히 알고 있을 것이다. 그런데 장황하게 애기를 늘어놓는다는 것은 사설私說에 불과하다. 두 번째 말이 오히려 직원들에게는 더 책임감 있게 다가올 것이다. 이는 무엇을 말하는가. 말이 길면 집중력이 떨어지고 지루하게 생각한다. 가급적 말은 짧고 간결하게 하는 것이 더 효과적이다.

이는 질문을 할 때도 마찬가지다. 상대방에게 질문을 할 땐 길고 장황하게 하는 것보다는 짧고 간결하게 하는 것이 좋다. 길고 장황하면 상대방에 따라서는 싫증을 느낄 수 있다. 그러면 자신의 생각을 전달하고 원하는 것을 얻는데 무리가 따르게 된다. 하지만 짧고 간결하면 질문의 요지가 분명하게 전달됨으로써 상대방이 자기 생각을 말하게 하고 바라는 것을 취하기에 유리하게 작용한다.

이에 대해 프랑스 파리 소르본 대학과 고등 상공학교 부교수이자 커뮤니케이션 교육회사인 뉘아주 블랑 상토르 이뎁Nuages Blancs Centor Idep의 부사장인 리오넬 벨랑제는 다음과 같이 말했다.

"간결하게 말하는 것이 상대에 대한 존중이자 예의이다. 요즘 핵심을 짚을 줄 아는 능력이 강점이 되는 추세이나 이 능력은 흔하지 않다. 그래서 오늘날 적시에 핵심을 짚어 간결하게 말을 할 줄 아는 사람들은 확연히 두드러진다."

리오넬 벨랑제의 말에서도 알 수 있듯 짧고 간결하게 말하는 것이 상대방으로부터 원하는 것을 이끌어내는 데 매우 유익하다는 것을 잘 알 수 있다.

저커버그는 질문을 할 때 자신이 해야 할 말을 짧고 간결하게 질문하는 것을 잘 활용함으로써, 상대방에게 자신의 이미지를 좋게 심어줌은 물론 자신이 원하는 것을 취할 수 있었다.

간단명료하게 핵심을 짚어 질문하는 것은 상대방에 대한 예의이다. 상대방이 자신의 생각을 쉽게 얘기할 수 있도록 하는 배려의 마음이 담겨 있기 때문이다.

질문을 간단명료하게 하기 위해서는 어떻게 해야 할까.

질문을 짧고 간단명료하게 하는 법

01_ 어떤 목적을 갖고 상대방 대화를 하기 위해서는 대화를 하기 전 질문할 것에 대해 미리 숙지하도록 하라. 그렇게 되면 장황하게 중언부언하지 않고 핵심만을 질문하게 됨으로써 상대방에게 좋은 인상을 심어주게 된다.

02_ 질문을 할 땐 길게 말하기보다는 짧게 끊어서 말하는 습관을 들여라. 그러면 상대방도 훨씬 쉽게 받아들이게 되고 흔쾌히 자기 생각을 말하게 되어 생산적인 대화를 하는 데 효과적이다.

03_ 불필요한 말을 하지 않는 것이 좋다. 공연히 질문 핵심을 흐리게 된다. 콕 집어서 핀셋 질문을 하라. 상대방은 그것만으로도 충분히 자기 생각을 들려줄 것이다.

'질문을 짧고 간단명료하게 하는 법' 세 가지를 익혀 대화에 적용한다면 명쾌한 대화를 하는 데 큰 도움이 될 것이다.

다시 한번 말하지만 질문 대화법을 잘 적용하기 위해서는 질문을 미리 준비하고, 예의를 갖추고, 짧고 간결하게 자신의 생각을 전해야 한다. 그렇게 했을 때 상대방이 무엇을 생각하고, 무엇을 원하고 어떻게 대응하고 말해야 하는지를 적용함으로써 자신이 원하는 것을 이끌어낼 수 있다. 오늘날의 저커버그가 되는 데 있어 그만의 질문 대화법은 '성공의 키'가 되었다.

저커버그의 삶이 더더욱 아름답고 미더운 것은 그의 나이 27살 때인 2011년부터 빌 게이츠와 워런 버핏의 '기부 약속 운동'에 동참해왔다는 점이다. '기부 약속 운동'은 빌 게이츠와 워런 버핏이 2010년 억만장자들에게 재산의 절반 이상을 사회에 환원하도록 독려하는 운동이다. 저커버그는 그동안 아내인 프리실라 챈이 근무했던 샌프란시스코 병원에 트라우마센터를 세웠으며, 빈민가로 유명한 뉴저지 주 뉴어크 지역 학교를 명문 학교로 만들자는 교육프로젝트에 참여해 1억 달러를 기부했다. 또 실리콘밸리의 빈곤층 거주 지역에 학교를 설립하고 에볼라 퇴치사업에도 지원하였다. 그리고 2015년 12월, 자신의 전 재산 중 99%인 450억 달러를 사회에 기부하겠다고 선언했다. 그는 '챈 저커버그 이니셔티브'라는 회사를 설립한 뒤 그곳에 기부금을 내놓겠다고 했다. 그래서 딸 맥스와 같이 자라나는 세상의 모든 아이들의 꿈을 위해, 인터넷을 쓸 수 없는 아프리카, 아시아 등 가난한 나라의 '인터넷 오지'를 없애 사람들을 소통하게 하고, 일과 건강, 교육 분야를 위해 쓰이도록 하겠다고 말했다.

당시 서른한 살밖에 안 된 저커버그가 이른 나이에 어마어마한 돈을 기부하겠다고 한 것은 세계에서도 유래를 찾아볼 수 없는 일이다. 저커버그의 발표를 듣고 사람들은 크게 놀라워했다.

그는 2010년 미국 경제잡지 〈포브스〉가 선정한 '세계에서 가장 젊은 억만장자 10인'에서 1위에 올랐으며, 〈타임〉지 선정 '올해의 인물'이 되었다. 또한 〈타임〉지 선정 '2016년 가장 영향력 있는 인물', 〈포춘〉지 선정 '2016년 세계에서 가장 인기 있는 CEO'에 선정되었다. 지금도 그는 자신의 열정을 페이스북에 쏟으며 힘찬 날갯짓으로 더 나은 내일을 향해 비상을 꿈꾸고 있다. 원하는 것을 이루고, 그것을 통해 누군가에게 도움을 줄 수 있다는 것은 참으로 행복하고 즐거운 일이다. 많은 사람들에게 희망과 꿈을 심어주는 저커버그야말로 진정으로 아름답고 행복한 사람이다.

03

자신감 넘치는
프레젠테이션 대화법

스티브 잡스

(Steven Jobs 1955~2011)

애플 공동설립자이자 CEO. 2009년 〈포춘지〉 선정 최고의 CEO.
2010년 〈파이낸셜타임스〉의 '올해의 인물'에 선정됐으며 2012년
'제54회 그래미상 평생공로상'을 수상했다.

대화할 때 상대방에게, 혹은 청중에게 자기 생각을 명쾌하게 전하는
방법은 자신이 가장 잘하는 화법으로 하면 효율성이 높아 효과적인
결과를 도출해 낼 수 있다. 특히 청중 앞에서 제품을 설명한다든지,
업무에 대한 계획안을 브리핑하는 '프레젠테이션Presentation' 즉 '시청
각 설명회'는 매우 중요하다. 어떻게 설명하느냐에 따라 자신이 원하

는 것을 얻게 되기 때문이다.

프레젠테이션을 하기 위해서는 차트, 슬라이드 등의 보조 자료를 사용하는데, 이는 제품의 특성이나 사업 계획안을 소개하기에 대중의 눈을 사로잡는 시각적 효과가 뛰어나기 때문이다. 이는 특정 사안의 논점을 대중에게 전달 설득하는 데 많은 도움을 준다.

프레젠테이션을 효과적으로 잘하기 위해서는 크게 두 가지로 나누어서 준비한다. 첫째는 프레젠테이션 내용을 잘 구성하고 철저한 연습이 필요하다. 내용에 대한 충분한 자료를 수집하고, 차트나 슬라이드 등 자료를 잘 갖추고 내용을 완전히 숙독한다. 또한 대상의 수준이나 환경의 조건에 맞게 준비한다. 그리고 나서 자신 있게 발표할 수 있을 때까지 연습을 해야 한다. 둘째는 프레젠테이션을 잘할 수 있도록 충분히 준비해야 한다. 이를 위해서는 정확한 발음과 자신감 넘치는 목소리를 갖춰야 하는데, 이는 청중에게 확신을 심어주고, 뇌리에 깊이 각인시키는 작용을 한다. 발음이 부정확하고 목소리가 또렷하지 않으면 전달력이 떨어져 효과를 떨어뜨린다. 그리고 청중이 알아듣기 쉬운 말로 설명한다. 자신의 유식함을 나타내기 위해 어려운 한자나 지나친 외국어 사용은 자제하는 것이 좋다. 프레젠테이션은 자기의 지식이 아니라 제품 또는 사업계획안 등을 알리는 것으로서 누구나 이해할 수 있는 쉬운 말로 쉽고 간결하게 전달하는 것이 좋다. 그렇게 될 때 효과에 대한 기대치를 높이는 데 유리하기 때문이다.

또한 품위 있는 예의를 갖춰야 한다. 예의 있게 말하고 태도를 취하면 청중들에게 친밀감을 심어주어 관심을 더 집중하게 만든다. 예의의 중요성에 대해 조선 시대 정치가이자 성리학자인 율곡 이이栗谷李珥는 다음과 같이 말했다.

"사람이 몸가짐을 늘 조심해서 예의에 어긋난 행동을 삼가야 한다. 사람은 늘 보고, 듣고, 말하고, 행동하는 것이 모두 예의에 맞아야 한다."

이이의 말에서 알 수 있듯 예의는 반드시 갖춰야 할 품성인 것이다. 예의는 비언어로서 말이 갖지 못하는 또 다른 언어의 역할을 한다. 즉, 말을 도움으로써 말하는 이의 생각을 상대에게 또는 청중에게 깊이 각인되게 한다. 하지만 아무리 유창하게 말을 잘하고 프레젠테이션에 능통하다고 해도 예의를 갖추지 못하면 효과는 반감하게 된다.

프레젠테이션을 효율성 있게 잘하기 위해서는 이외에도 청중과 '눈을 맞춰eye contact' 이야기하고, 강조해야 할 핵심 포인트를 적절하게 짚어줘야 한다. 뿐만 아니라 자신감은 필수이다. 자신감이 넘치면 보는 청중에게 강한 확신을 심어주게 된다.

그리고 '감동적인 마무리memorable closing'를 잘 준비한다. 감동적인 마무리는 프레젠테이션 내용을 하나로 끌어모아 재정리하는 것으로 이를 어떻게 하느냐에 따라 그 효과에 막대한 영향을 끼치게 되기 때문이다.

"한 장의 슬라이드에 여러 가지 요소 대신 스토리텔링 기법을 사용하는 것이 좋다. 그리고 슬라이드는 그저 보조해줄 비주얼로 최소화 단순화시켜야 한다. 핵심을 살리려면 덜 중요한 것들은 제거하는 것이 좋다. 모든 것을 보여주려고 한다면 결국 모든 것을 잃게 된다. 전형적이고 평범한 방법에서 멀어지는 것이 나만의 효과적이고 창의적인 프레젠테이션으로 기억되게 한다."

이는 앳킨슨이 한 말로 스토리텔링 기법을 적절하게 잘 적용하는 것이 프레젠테이션을 효과적으로 할 수 있다는 것을 알 수 있으며, 청중의 마음을 사로잡아 좋은 결과를 얻게 된다.

스티브 잡스의 프레젠테이션 대화법

세상을 자신이 태어나기 이전과 다르게 변화시킨 창조적 혁신가이자 프레젠테이션의 진정한 승부사 스티브 잡스Steven Jobs. 그는 친부모로부터 버림받고 유대인 양부모에게서 자라났다. 스티브 잡스 양부모(양아버지 이름은 폴 잡스Paul Jobs, 양어머니 이름은 클라라 잡스Clara Jobs이다.)는 유대인으로 학교 공부를 많이 하진 않았지만, 유대인 특유의 지혜와 사랑이 충만한 사람이었다. 스티브 잡스의 양부모는 아들을 유대인 전통의 교육법으로 가르쳤다. 양부모의 가르침은 창의력과 상상력을 길러주고, 토론을 통해 생각의 깊이를 더해주는 참교육이었다. 스티브 잡스가 혁신과 창의의 아이콘이 될 수 있었던 것은 양부모의 따뜻한 사랑과 창의적인 유대인 교육법에 의해서다.

스티브 잡스는 리드대학에 입학했으나 중퇴하고, 1976년 스티브 워즈니악, 로널드 웨인과 애플을 공동 창업하였다. 1985년 자신이 세운 애플사로부터 쫓겨난 그는 1996년 애플에 복귀하여 2001년 MP3 '아이팟' 출시, 2007년 '아이폰' 출시, 2010년 '아이패드'를 출시하였고, 2011년 애플의 주식은 시가 총액이 세계 1위에 오르며 명실상부한 최대의 기업이 되었다. 2009년 '포춘지' 선정 최고의 CEO, 2010년 〈파이낸셜타임스〉의 '올해의 인물'에 선정되었고, 2012년 '제54회 그래미상 평생공로상'을 수상하였다.

스티브 잡스가 2011년 타계했을 때 전 세계인들은 그의 죽음을 애도하며 그의 평생 공적을 높이 평가하였다. 세계 어떤 정치지도자도 그처럼 세계인들의 추모를 받은 적이 없었다. 역사상 기업인으로서는 최고의 존경과 찬사를 한 몸에 받았던 스티브 잡스는 그가 태어나기 이전의 세상과 그가 태어난 이후의 세상을 완벽하게 변화시킴으로써 한 사람의 위대한 창의력이 얼마나 큰 힘을 발휘할 수 있는지를 극명하게 증명해 보인 탁월한 상상력의 실천가이자 완성자라고 할 수 있다.

스티브 잡스가 세상을 바꿀 수 있었던 힘은 어디에 있을까. 그 힘의 원천인 그의 대화법을 살펴보는 것만으로 큰 의미가 있을 것이다. '말은 곧 그 사람'이기 때문이다.

여기서 한 가지 짚고 넘어갈 것이 있다. 스티브 잡스는 유대인 핏줄을 갖고 태어나진 않았지만 유대인이라는 것이다. 유대인으로 인정받을 수 있는 그들이 정한 몇 가지 원칙에 의하면 첫째는 부모 모두가 유대인인 경우, 둘째는 모계 혈통에 따라 외할머니나 어머니가 유대인인 경우, 셋째는 유대인 교육을 받고 유대교에 다니는 경우, 넷째는 할아버지와 외할아버지, 아버지, 할머니가 유대인인 경우, 다섯째는 다른 종교에서 유대교로 개종改宗한 경우이다.

유대인들이 정한 몇 가지 원칙 중 스티브 잡스의 양부모인 폴 잡스 부부는 유대인이고, 그들에 의해 어린 시절부터 철저한 유대 전통 교육법으로 가르침을 받았기에 그의 정신세계는 유대인보다 뼛속 깊이 더 유대인 정신이 흐른다는 점을 강조하지 않을 수 없다. 다시 말해 그는 유대인이라는 말이다. 이런 관점에서 볼 때 스티브 잡스의 대화법에 귀 기울일 필요가 있다.

그는 상대를 사로잡는 설득력이 매우 뛰어났다. 설득력이 좋다는 것은 기업가인 그에겐 큰 자산과도 같았다. 설득력이 중요한 이유는 자기 회사 제품을 팔기 위해서는 소비자를 설득시킬 수 있어야 하기 때문이다.

설득력은 대화의 한 부분이지만 전체라고 할 수 있을 만큼 중요하다. 대화의 포인트는 자신이 필요로 하는 것을 얻는 것이고 그것을 좌우하는 것이 설득력이다. 즉, 자신이 상대로부터 얻고자 하는 것이 있다면 상대가 자신의 생각을 따르도록 해야 한다. 그러기 때문에 설득을 잘하기 위해서는 논리적으로 말을 잘해야 할 뿐만 아니라 그때그때 상황에 따른 대처 순발력이 좋아야 한다. 논리력의 중요성에 대해 하버드대학의 교수이자 《기업이 원하는 변화의 리더》의 저자인 존 코터John Kotter는 이렇게 말했다.

"설득을 잘하는 사람은 포지셔닝이 뛰어나다. 상대에게 통하는 것과 그렇지 않은 것의 차이를 잘 포착한다. 그들은 상대의 마음의 벽을 뚫고 메시지를 보내려고 하지 않는다. 마음의 문을 연 다음 메시지를 보낸다."

존 코터의 말을 보더라도 억지로 내 생각을 주입하려는 것이 아닌, 상대가 마음을 열고 자신의 생각을 받아들이게 해야 한다. 그렇게 될 때 상대는 적극 자신의 생각을 받아들임으로써 원하는 것을 얻을 수 있다. 특히, 청중을 상대로 하는 프레젠테이션에 있어 가장 중요한 포인트는 바로 설득력이다. 프레젠테이션의 귀재라고 할 만큼 자타가 인정하는 스티브 잡스. 살아생전 청바지에 검은 티셔츠를 입고 프레젠테이션을 하던 그의 모습은 한 편의 드라마처럼 지금도 아주 선명하다. 그의 프레젠테이션을 지켜보는 청중들의 모습은 마치 무언가에 빠진 것처럼 집중력이 대단했다. 그만큼 스티브 잡스의 스피치가 위력적이었다는 것을 뜻한다고 하겠다.

스티브 잡스의 대화법을 세 관점에서 살펴보기로 하자.

첫째, 상대에게 자신과 함께하면 절대 손해를 보지 않고 이익을 얻게 된다는 강한 확신을 심어주었다.

스티브 잡스는 1981년 매킨토시Macintosh 프로젝트를 주관하며 큰 꿈에 부풀어 있었다. 성공할 수 있다는 확신에 열정을 바쳐 프로젝트를 진행하던 중, 경영상태가 악화하여 어려움을 겪게 되었다. 이내 그는 펩시콜라 사장인 존 스컬리를 사장으로 영입하기로 결심하고 그를 찾아갔다. 당시 스컬리는 펩시콜라의 성장을 극대화하며 부러운 것이 없는 사람이었다. 그런 그에게 경영이 어려운 애플 사장을 맡아달라고 했으니 이는 어처구니없는 이야기나 마찬가지다. 그런데도 스티브 잡스는 그 어처구니없는 이야기를 했던 것이다.

"스컬리 사장님, 저는 스컬리 사장님을 우리 애플에 모시고 싶습니다."

"나를요. 난 지금 부러울 것이 없는 사람입니다."

"잘 압니다. 그러나 우리 애플은 사장님을 원합니다. 어떻습니까? 애플을 맡아주시겠습니까?"

스티브 잡스는 그의 눈을 바라보고 말했다.

"왜 내가 필요합니까?"

"사장님의 능력이 필요해서입니다."

"하지만, 나는 그럴 마음이 없습니다."

스컬리는 이렇게 말하며 스티브 잡스가 가주길 바랐다. 스컬리의 말을 듣고 스티브 잡스는 힘주어 말했다.

"사장님, 설탕물이나 팔면서 남은 인생을 보내고 싶습니까? 아니면 나와 함께 세상을 바꿔보겠습니까?"

스컬리는 스티브 잡스의 말을 듣고 순간 멍한 표정이 되었다. 스티브 잡스의 말은 그에게 큰 울림을 주었던 것이다. 냉담했던 스컬리는 스티브 잡스의 말 한마디에 끌려 애플의 CEO가 되었다.

또 하나의 이야기를 보자.

1984년 스티브 잡스는 매킨토시를 출시하였으나 생각과는 달리 크게 실패하였다. 그러자 애플은 경영에 큰 어려움을 겪게 되어 그를 추방했다. 하지만 그는 좌절하지 않았다. 그에겐 실패는 있어도 좌절은 없었다. 그는 언제나 현재진행형이었다. 스티브 잡스는 컴퓨터회사 넥스트를 창업하고, 애니메이션 업체인 픽사를 인수하여 재기를 꿈꾸었다. 그는 애니메이션 〈토이 스토리〉를 성공시키며 재기의 발판을 마련하고 애플에 다시 들어갈 기회를 엿보던 중 애플이 어려움에 부닥치자 경영진 측은 스티브 잡스의 넥스트 인수에 관심을 두기 시작했다. 이 소식을 듣게 된 스티브 잡스는 애플의 경영자인 길 아멜리오를 찾아갔다.

"애플이 넥스트에 대해 관심을 갖고 있다고 들었습니다. 소프트웨어만 사도 좋지만, 이왕이면 회사 전체를 사고 싶을 것입니다. 그렇지 않습니까?"

스티브 잡스의 말에 길 아멜리오는 고개를 끄덕이며 그의 말에 예의주시했다. 스티브 잡스는 다시 힘주어 말했다.

"우리 회사엔 실력자들이 많습니다. 그것만으로도 애플은 큰 힘을 얻게 될 것입니다. 어떻습니까? 우리 회사를 매입하시겠습니까? 선택은 오직 회장님이 하는 거니까요."

확신에 찬 스티브 잡스의 말을 듣고 길 아멜리오는 즉시 화답했다.

"좋습니다. 그렇게 하지요."

새로운 프로그램을 개발하느라 비용을 들이지 않아도 된다는 이점과 이미 잘 만들어진 컴퓨터를 보완해서 팔면 된다는 생각이 그의 마음을 움직였던 것이다.

그 결과 애플은 넥스트를 인수하였다. 자신과 함께하면 절대 손해를 보지 않는다는 스티브 잡스의 강한 어필은 길 아멜리오의 마음을 움직이는 데 아주 효과적으로 작용하였던 것이다.

두 가지 일화를 통해 스티브 잡스의 뛰어난 설득력을 잘 알 수 있다. 그가 존 스컬리와 길 아멜리오를 설득할 수 있었던 것은 '자신과 함께하면 절대 손해를 보지 않고 이익을 얻는다'라는 강한 확신을 심어주었기 때문이다.

둘째, 논리에 맞게 자신의 생각을 증명해 보이는 재주가 탁월했다.

대화나 프레젠테이션에서 논리정연함은 필수이다. 논리가 좋아야 상대나 청중에게 믿음을 주고 확신을 줄 수 있다. 논리는 자신의 생각을 튼튼하게 받쳐주는 뿌리와 같다. 뿌리가 튼튼해야 비바람에도 나무가 쓰러지지 않듯 논리가 좋아야 자기 생각을 확실하게 펼칠 수 있다.

논리적으로 상대를 설득하기 위해서는 사실에 입각해서 논리를 펼쳐야 한다. 정확한 사실은 논거로 충분히 삼을 수 있어 자신의 말을 논리적으로 뒷받침하는 데 매우 유리하게 작용한다. 이에 대해 《Yes를 끌어내는 설득의 심리학》의 저자인 레스 기블린Les Giblin은 이렇게 말했다.

"예일 대학의 심리학자인 칼 호브랜드, 어방 재니스, 헤로드 켈리는 자신의 의견을 전달하는 가장 좋은 방법은 압박감을 배제하고 차분하고 냉정하게 사실만을 전달하는 것이라고 말했다."

레스 기블린의 말에서 보듯 사실을 전달하는 것, 이것이 바로 논리의 정석이라고 할 수 있다.

스티브 잡스는 논리력이 뛰어나다. 그는 자신의 생각을 상대에게 스며들게 하기 위해서 자기가 하고자 하는 말을 뒷받침할 수 있는 논거를 충분히 활용하는 것으로 정평이 나 있다.

다시 애플로 돌아와 CEO가 된 스티브 잡스는 중요한 결정을 내렸다. 그가 애플의 경쟁 상대인 마이크로소프트사와 기술제휴를 하겠다고 발표한 것이다. 이 당시 애플의 경영상태가 좋지 않았기 때문이다. 이 말을 들은 임직원들은 말도 안 되는 얘기라며 심히 불평하였다. 그러자 스티브 잡스는 힘주어 말했다.

"마이크로소프트사는 애플의 사용자 위주의 인터페이스를 사용할 수 있도록 해달라고 원합니다. 우리는 마이크로소프트사의 요구를 들어주는 대신 마이크로소프트사로부터 막대한 투자를 요구하면 됩니다. 그렇게 되면 우리는 돈을 들이지 않고도 충분히 우리가 원하는 것을 얻을 수 있습니다. 우리에게 필요한 것을 얻기 위해서는 상대가 필요로 하는 것을 줄 수도 있어야 합니다. 왜냐하면 그것이 우리 애플에게 도움이 되기 때문입니다. 다시 말해 내가 이런 결정을 한 것은 애플을 위해섭니다. 나는 애플을 위해서라면 그 어떤 것도 할 수 있습니다."

스티브 잡스의 자신감 넘치는 논리는 임직원들을 설득하는데 크게 작용했다. 누구도 그의 논리를 반박하지 않았다. 아니, 좀 더 정확히 말한다면 반박을 할 수 없었다. 반박한다는 것 자체가 자신의 무지를 드러내는 어처구니없는 일이었기 때문이다. 그만큼 스티브 잡스의 말은 구구절절 옳았으며 그것만이 큰 힘 들이지 않고 애플의 어려운 경영난을 회복시키는 유일한 방법이라고 생각했다. 그렇게 해서 애플은 1억 5천만 달러의 자금을 지원받았으며, 마이크로소프트사와는 경쟁자 관계이면서도 서로의 이익을 취하는 공생관계를 유지하게 되었던 것이다.

다시 말하지만 돈이 없던 애플로서는 손해 보는 장사가 아니었다. 투자를 받으면서도 기업이 함께 발전하기 위해서는 손을 잡아야 한다는 좋은 선례를 남기는 일거양득의 효과를 보았기 때문이다.

셋째, 자기 생각을 상대방이 따르게 하는 능력이 뛰어났다.

스티브 잡스는 프레젠테이션의 귀재라고 불린다. 그는 새로운 제품을 출시할 때마다 자신이 직접 청중을 상대로 프레젠테이션을 했다. 이는 어린 시절부터 토론으로 갈고 닦은 생동감 넘치는 논리적 화법과 정확한 데이터를 근거로 상대방을 설득하여 완벽하게 믿을 수 있도록 했기 때문이다.

스티브 잡스는 애플에서 추방당한 시기에 설립한 픽사를 통해 위기로부터 탈출을 생각했다. 픽사에서는 '토이 스토리Toy Story'를 만들었는데, 이는 컴퓨터 그래픽 CG를 사용한 장편 애니메이션 영화라는 분야의 최초이기도 했다. 픽사와 월트디즈니는 1991년 계약을 맺었는데, '토이 스토리 2'를 제작하고 월트 디즈니의 요청으로 극장에서 상영되며 대히트를 기록했고, 그 후 만든 '빅스 라이프' 또한 크게 성공했다.

그러자 스티브 잡스는 아직 계약기간이 남아 있음에도 월트디즈니사에 새로운 계약 교섭을 요청했다.

"아직 계약기간이 남았는데, 새로운 계약을 하자고 하니 대체 무슨 일이야."

월트디즈니사 측은 이렇게 말하며 떨떠름해 했다. 하지만 스티브 잡스의 요청을 거부할 수 없는 노릇이었다.

스티브 잡스와 월트디즈니사 관계자가 한자리에 마주 앉았다. 그는 아주 당당한 표정이었으나 월트디즈니사 관계자의 얼굴엔 긴장감이 흘렀다.

"픽사와 월트디즈니의 최신 영화 세 편을 비교해보면 창의성에 있어 크게 차이가 나는 것을 알 수 있을 것입니다."

스티브 잡스는 이렇게 말하며 월트디즈니 관계자를 바라보았다. 그의 눈은 반짝이며 자신감으로 넘쳐흘렀다.

"창의성 면에서는 픽사가 낫다고 하더라도 우리는 마케팅에서 매우 뛰어납니다."

월트디즈니사 관계자는 이렇게 응수했다.

"아무리 마케팅 능력이 뛰어나더라도 창의성이 떨어지는 작품을 히트시킬 수는 없지요. 냉정하게 생각해보세요. 그렇지 않습니까? 물론 월트디즈니가 50년 전 '백설 공주'를 개봉한 이래 애니메이션 부문에서는 독보적인 존재라고 할 만큼 눈부신 발전을 했지요. 그 점은 나도 인정합니다. 하지만 지금은 다릅니다. 지금은 우리 픽사가 월트디즈니보다는 월등합니다. 이를 부인하지는 않겠지요?"

스티브 잡스는 월트디즈니사의 역량을 인정하면서도 분명하게 말했다.

월트디즈니 관계자로서는 자존심 상하는 말이지만 지금의 픽사를 인정하지 않을 수 없었다. 결국 월트디즈니사는 2006년 스티브 잡스의 픽사를 인수했고, 스티브 잡스는 월트디즈니사의 제1 주주가 되었다.

교섭에 있어 자기 생각을 따르게 하는 능력이 무엇보다 중요하다는 것을 잘 알게 하는 이야기다. 스티브 잡스가 월트디즈니를 누르고 자기 뜻을 관철할 수 있었던 것은 두 가지 상반된 측면을 적극적으로 활용했기 때문이다. 마케팅은 월트디즈니사가 뛰어나지만 창의성은 픽사가 더 뛰어나다는 점을 강조하고, 아무리 마케팅 능력이 좋아도 창의성이 없는 영화는 사람들로부터 외면당한다는 논리였다. 맞는 말이기에 월트디즈니사는 더 반박할 수 없었다. 이에 대해 독일의 철학자 쇼펜하우어Schopenhauer는 자신의 저서 《논쟁에서 이기는 38가지의 방법》에서 이렇게 말했다.

"상대방이 우리의 명제를 받아들이도록 하기 위해서 우리는 그것과 반대되는 명제를 함께 제시하고 상대방에게 선택하도록 해야 한다. 특히, 이때 우리는 이와 반대되는 명제를 훨씬 큰소리로 강조해야 한다. 그러면 상대방은 스스로 모순에 빠지지 않으려고 이것과 비교해 훨씬 타당성이 있어 보이는 우리의 명제를 수용할 것이다."

아주 적확한 지적이다. 쇼펜하우어의 말처럼 월트디즈니사는 스티브 잡스의 말이 더 타당성이 있다는 걸 알았기에 그의 요구를 받아들였던 것이다. 개인적인 대화든 프레젠테이션이든 자신의 생각을 상대방이 따르게 하는 능력이 좋아야 한다. 그런 면에서 스티브 잡스는 역시 천재성을 지닌 탁월한 존재라고 할 수 있다.

스티브 잡스의
프레젠테이션 대화법 적용하기

스티브 잡스의 경우에서 보듯 프레젠테이션 대화법은 개인이나 청중을 상대로 할 때 매우 중요하다. 대화의 목적은 자신의 생각을 상대에게 혹은 청중에게 전하는 것으로, 자기 생각을 따르도록 하는 데 있는 것이다.

유대인들은 심리전에 능하다. 이는 그들이 오랜 세월 나라 없이 살면서 살아남기 위한 방편으로 터득한 지혜다. 어떤 상황에 부닥친다 하더라도 그 상황에서 빠져나오기 위해서는 갖은 묘수를 부려야 하는데, 심리전은 상대방의 마음을 움직이는 데 매우 중요하다. 즉, 상대방의 마음 상태에 따라 적절하게 대응함으로써 그 상황을 자신에게 유리하게 만들어야 한다. 이런 심리전은 상대방과의 대화나 프레젠테이션에 있어 요긴하게 활용된다. 스티브 잡스 역시 어린 시절 양부모로부터 받은 가르침에 따라, 사람과의 관계에 있어 어떻게 대처해야 하는지 터득했던 것이다. 상대방의 마음을 읽을 줄 알면 그 어떤 상황에서도 자신을 유리하게 하는 데 큰 도움이 된다.

프레젠테이션 대화법을 잘 적용하기 위한 방법에 대해 알아보자.

첫째, 상대방에게 자신이 중요한 사람이라는 것을 인식시켜라.

인간관계에 있어 자신을 중요한 사람이라고 상대방이 믿게 하는 것은 중요하다. 사람은 누구나 자신에게 중요하다고 생각이 드는 사람과 좋은 관계를 맺고 싶어 한다. 그래야 자신에게 유익이 된다고 믿기 때문이다. 상대에게 자신이 중요한 사람임을 인식시키는 것에 대해 자기 계발 전문가이자 데일 카네기 연구소 소장이며 저서 《카네기 처세술》로 유명한 데일 카네기Dale Carnegie는 다음과 같이 말했다.

"늘 남이 중요한 사람이라고 느끼도록 만들어라."

데일 카네기 말에서 보듯 남이 자신을 중요한 사람으로 보게 만들면 상대는 자신과 함께하길 바람은 물론 유익함을 얻을 것이라고 믿게 된다.

스티브 잡스는 상대가 자신을 중요한 사람으로 여기도록 만들었다. 이에 관한 한 그는 천부적으로 재능이 뛰어났고 이 또한 유대인 유전자의 힘이다. 이로 인하여 그는 언제나 자신감이 넘쳐났고 막힘이 없었다. 그리고 언제나 결과로써 보여주었다.

스티브 잡스는 애플로 복귀를 하고 나서 빌 게이츠를 찾아가 Mac OS X용 소프트웨어를 의뢰했다. 빌 게이츠는 의뢰를 받아들일 마음이 없었다. 하지만 스티브 잡스의 말을 듣고 놀라서 그를 바라보았다.

"빌, 우리 두 사람이 힘을 합치면 데스크톱 컴퓨터의 100%를 장악하게 되네. 어떤가? 내 의뢰를 받아주겠는가?"

빌 게이츠는 스티브 잡스의 말을 듣고 생각했다. 현재 마이크로소프트가 97이라고 할 때 3 정도 밖에 안되는 애플이 동등한 입장에서 의뢰를 하다니 한편으로는 가소로웠고, 또 한편으로는 반신반의했다. 그가 저처럼 자신 있게 말하는 데는 무슨 이유가 있을 것만 같았기 때문이다.

"빌, 어서 말해보게."

스티브 잡스의 재촉에 빌 게이츠는 "그렇게 하지."하고 그의 의뢰를 받아들였다.

여기서 우리는 중요한 사실을 알게 된다. 빌게이츠 같은 천재도 결국 스티브 잡스의 의뢰를 받아들일 수밖에 없었던 점이다. 스티브 잡스의 말은 확신으로 가득 차 있었고, 자신과 함께하면 유익이 된다는 것을 믿게 했다. 그리고 은연중 자신은 빌 게이츠에게 중요한 사람이라는 것을 인식시켰던 것이다.

자신이 중요한 사람이라는 것을 상대방에게 인식시키기 위해서는 어떻게 해야 할까.

자신이 중요한 사람이라는 것을 인식시키는 법

01_ 자신만의 실력을 갖춰야 한다. 특히, 상대방이 필요로 하는 것을 충족시킬 수 있다는 자긍심을 보여주도록 하라.

02_ 상대방에게 나와 함께 하면 잘 될 수 있다는 자신감을 보여주어라. 한 가지 주의할 것은 지나친 자신감은 거부감을 주게 된다. 절도 있는 자기 확신을 보여주는 것, 이것이야말로 상대방의 마음을 사로잡는 비법이다.

03_ 자신이 이뤄냈던 업적을 상대방이 볼 수 있게 명함에 새겨라. 특별한 라이선스는 좋은 이미지를 심어준다. 이를 적기에 잘 적용하라.

누군가와의 대화에서 원하는 것을 얻고자 한다면 상대에게 자신을 중요한 사람이라고 인식시켜야 한다. 그러기 위해서는 '자신이 중요한 사람이라는 것을 인식시키는 법' 세 가지를 마인드맵에 새겨 상황에 맞게 적용하라. 그것만으로도 상대방이 자신과 함께하면 자신에게 유익이 된다는 것을 확실히 믿게 만들 수 있을 것이다.

둘째, 사실에 따라서 자기 생각을 펼쳐라.

상대와의 대화나 프레젠테이션에서 중요한 것은 사실에 입각해서 자신의 생각을 펼치는 것이다. 사실에 입각해서 그것을 근거로 논리를 펼칠 때 자기 생각을 받아들이게 할 수 있기 때문이다.

대화나 프레젠테이션에서 사실의 중요성에 대해 경영컨설턴트이며 인간관계 전문가이자 《Yes를 끌어내는 설득의 심리학》의 저자인 레스 기블린Les Giblin은 다음과 같이 말했다.

"사실에 입각해 팩트만을 전달할 때 듣는 사람은 자신의 의견을 더 쉽게 바꾸는 경향을 보인다."

옳은 말이다. 사실에 따라 사실만을 말하면 반박할 여지가 그만큼 줄어들게 된다. 사실은 어디까지나 자료와 통계 또는 분명한 것을 근거로 하기 때문이다.

스티브 잡스는 자기 생각을 사실에 근거해서 말한다. 그것은 상대에게 가장 확실한 믿음을 준다는 것을 잘 알기 때문이다. 그가 애플로 복귀한 후 별 진전을 보지 못한 매킨토시에 대해 말했다.

"1997년에는 애플이 라이벌인 마이크로소프트를 크게 앞섰지만, 그 후 10년 동안 수십억 달러나 되는 연구개발비를 투입하고도 매킨토시는 25%밖에 변하지 않았다. 또한 컴퓨터업계도 창조를 멈춘 듯이 보였다. 300MHz보다 우수하다든가, 6GB는 4GB보다 좋다는 식의 이야기만 한다. 컴퓨팅에는 좀 더 여러 가지 요소가 있는데도 말이다. 컴팩Compaq Computer Corporation과 델Dell Inc은 인텔Intel Corporation 과 마이크로소프트로부터 부품을 공급받아 조립하고 나서는 아무런 개성도 없는 케이스에 집어넣어 출고한다. 그들은 컴퓨터 제작업체 라고 할 수도 없다." 스티브 잡스의 말은 사실에 입각해있기 때문에 누구도 부인하지 못했다. 이에 스티브 잡스는 누구나 놀라워하는 컴 퓨터를 만들겠다고 목표를 정한 후 '아이 맥'을 만들었다. 아이맥은 1년여 만에 200만대를 판매하는 데 성공하였다.

스티브 잡스는 모든 일에 있어 사실에 입각해 말하고, 그것을 근거 로 하여 임직원들을 설득했고, 그가 만나는 사람들을 설득했다. 그리 고 결과는 언제나 성공적이었다.

사실에 입각해서 자신의 생각을 펼치기 위해서는 그것을 자유롭게 적용할 수 있어야 한다. 그러기 위해서는 어떻게 해야 할까.

사실에 입각해서
자신의 생각을 펼치는 법

01_ 중요한 보고회나 제품설명회 등을 할 땐 정확한 실적 및 데이 터 등의 준비물을 반드시 갖춰야 한다. 사실을 증명하기 위해서 이는 필수요건이다. 이것에 성패가 달려있기 때문이다.

02_ 사실에 입각해 자신의 생각을 펼치기 위해서는 입에 배도록 철저히 준비해야 한다. 발음, 억양, 손짓 하나까지 세밀하게 갖추면 좋은 효과를 거두게 된다.

03_ 사실에 입각해서 하는 대화는 정확한 근거, 또는 논거가 확보되어야 한다. 그러기 위해서는 대화 주제에 대해 세세하게 알아야 한다. 그렇게 될 때 막힘없이 대화를 이어가게 되고 자신의 생각을 자유롭게 펼칠 수 있다. 다양한 부분에 대해 풍부한 상식을 길러라. 특히, 스티브 잡스와 같이 전문분야에 대해 말할 땐 그 분야에 대해 막힘이 없도록 실력을 쌓아야 한다. 그렇게 될 때 대화의 우위를 확보하게 된다.

사실에 따라서 대화할 땐 그 대화의 주제에 대해 알아야 매끄러운 대화를 하게 된다. '사실에 입각해서 자신의 생각을 펼치는 법' 세 가지를 반드시 숙지하여 몸에 배게 하라. 그러면 대화 혹은 프레젠테이션을 할 때 좋은 결과를 낳게 된다.

셋째, 자신의 생각을 거부하지 않고 따르게 하라.

거부하거나 이의를 제기하면 자신의 생각을 따르게 하는데 무리가 생기고. 그렇게 되면 결국은 원하는 것을 얻지 못한다.

청중이 자기 생각을 따르게 하기 위해서는 강한 확신을 심어주어야 한다. 그러기 위해서는 카리스마가 넘쳐야 하고 내 말을 따르면 좋은 일이 있을 거라고 믿게 해야 한다. 그러기 위해서는 어떻게 해야 할까.

이에 대해 프랑스 파리 소르본 대학과 고등 상공학교 부교수이자, 커뮤니케이션 교육회사인 뉘아주 블랑 상토르 이뎁Nuages Blancs Centor Idep의 부사장인 리오넬 벨랑제는 이렇게 말했다.

"상대나 청중이 당신의 신념을 이해하고, 그 신념에 귀 기울일 수 있게 발언하고 싶다는 마음을 가져야 한다. 그리고 설득하기 위해서는 자신을 바칠 준비가 되어 있다는 것을 보여주어야 한다. 당신의 말이나 표정에서 관대함과 유연함을 느낄 때, 그 사람은 흔쾌히 당신을 이해하며 동의하고 당신을 따르게 된다. 또한 카리스마 넘치는 모습을 보여줌으로써 강한 확신을 심어주어야 한다."

리오넬 벨랑제의 말에서 보듯 상대방이나 청중이 자신을 믿게끔 하는 것이 무엇보다 중요하다.

스티브 잡스는 그 어떤 경영자보다도 상대방이나 청중이 자신을 믿게끔 하는 능력이 뛰어났다. 그는 카리스마를 갖췄을 뿐만 아니라 자신이 하는 일에 신념이 넘쳤다. 때론 그 정도가 지나쳐 독선적으로 보일 때도 있었다. 하지만 그는 영리하게도 정도를 넘지 않았다. 이는 그에게 있어 그만의 큰 장점이 되었다.

2001년 실리콘밸리에서 DVD 편집 소프트웨어 개발 회사를 경영하던 소가 히로무는 회사를 매각하라는 스티브 잡스의 제안을 받고

단둘이 만났다. 소가는 일본 유명기업의 출자가 거의 결정되었다가 좌절되어 새로운 매각처를 찾고 있었고, 어도비와 마이크로소프트 사로부터 오퍼를 받은 상태였다. 그러던 가운데 스티브 잡스가 매수를 제안한 것이었다. 소가는 다른 회사하고 교섭을 하고 있어서라며 말끝을 흐렸다. 그러자 스티브 잡스는 어떤 회사인지 끈질기게 물었다. 그러자 소가는 당신의 라이벌이라고 말했다. 그의 말을 듣고 스티브 잡스는 이렇게 말했다.

"라이벌이라고요? 내게는 라이벌이 없습니다만."

스티브 잡스는 자신의 말처럼 애플이 최고라는 확신을 심어주었고, 그러므로 자신에게 매각해야 더 의미가 있다고 설득하였다. 소가는 그의 카리스마 넘치는 굳건한 신념에 두 손을 들었고 애플에게 매각하겠다고 말했다. 상대방을 압도하는 스티브 잡스의 카리스마는 망설이는 소가를 단숨에 사로잡으면서 자신이 원하는 것을 취할 수 있었다.

스티브 잡스의 경우에서 보듯 상대방과의 대화에서 자기 생각을 거부하지 않고 따르게 하는 것은 자신에게 매우 유리하다.

자신의 생각을 거부하지 않고
상대가 따르게 하는 법

01_ 대화할 때 자신이 우위에 있음을 증명해 보이면 된다. 그렇게 하기 위해서는 대화의 주제에 맞게 더 많은 것을 보여주면 된다. 전문 분야에서든 일반적인 분야에서든 풍부한 상식을 길러라.

02_ 분명하고 확실한 자신의 신념으로 상대를 압도해야 한다. 신념이나 확신에서 상대를 압도하면 상대방은 제압당하고 대화의 주도권을 쥐게 된다.

03_ 카리스마와 품격 있는 말은 대화에 매우 유리하게 작용한다. 상대방이 따라오게 압도하기 위해서는 근엄한 카리스마와 품격있게 말하는 습관을 들여라. 그것만으로도 이미 반은 이기게 된다.

대화에 있어 상대가 자신의 생각을 따르게 한다는 것은 이미 대화의 반은 이기고 들어가는 것과 같다. 이를 위해서는 '자기 생각을 거부하지 않고 상대가 따르게 하는 법' 세 가지를 반드시 익혀야 한다.

스티브 잡스처럼 짧은 생애에 세상을 새롭게 변화시킨 인물은 드물다. 물론 시대마다 자신의 족적을 뚜렷이 남긴 인물들이 있다. 20세기 최고의 물리학자 아인슈타인, 발명의 귀재 토머스 에디슨, 전화기를 발명한 그레이엄 벨, 피뢰침을 발명한 벤저민 프랭클린, 다이너 마이트를 발명한 노벨 등 이름만 들어도 '아, 그 사람' 할 정도로 업적을 남긴 사람들도 많다. 하지만 문명의 최첨단을 걷고 있는 현대인들에게 다채롭고 다양한 문명의 기기인 컴퓨터, 스마트폰, MP3 등과 같은 만족감을 주지는 못했다. 앞선 과학자들이나 발명가들이 개인이 아닌 공동의 이기를 제공했다면 스티브 잡스는 개개인이 소지할 수 있고, 개개인이 원하는 것을 충족시켰다는 것에 있어 그 의미는 사뭇 다르다.

진정한 혁신가들은 자신이 하는 일에 대한 가치를 돈보다 더 중요하게 여긴다. 그것이야말로 자신의 자존감을 확실하게 드러내 보임으로써 자신의 존재가치를 높일 수 있다는 생각에서다. 돈은 열심히 하다 보면 따라온다는 게 또한 그들의 생각이다.

스티브 잡스는 '누구나 생각은 할 수 있지만, 실천하지 못하는 것을 실천하는 것이다.'라는 생각을 하고 있었다. 이런 생각이 그를 세상을 바꾸는 개척자가 되게 했던 것이다. 스티브 잡스야말로 자신이 태어나기 전보다 새롭게 세상을 변화시킨, 21세기 인류가 낳은 천재이자 실천적인 삶을 살았던 위대한 혁신가이다.

04

예스를 끌어내는
친밀 대화법

페기 구겐하임
(Peggy Guggenheim 1898~1979)

현대미술사의 탁월한 컬렉터이자 기획자이고
〈페기 구겐하임 뮤지엄〉 설립자이다.

인간관계에 있어 친밀감intimacy은 매우 중요한 '비언어적 요소'이다.
친밀감이 넘치는 사람은 부드럽고 따뜻함을 느끼게 해 상대방에게
좋은 이미지를 심어준다. 그 사람과 함께하면 좋은 일이 있을 것만
같은 기분 좋은 생각이 든다. 그래서 친밀감이 넘치는 사람은 무슨
일을 함에서도 거부감을 주지 않는다. 특히 대화할 때 친밀감을 주는

말과 태도는 상대방과의 대화를 부드럽고 화기애애하게 만들어준다. 처음 보는 사람도 친밀감 있게 대하면 마음을 열고 자신 또한 친밀감을 드러낸다. 친밀감이 감도는 상황에서의 대화는 좋은 결과를 얻게 하여 둘 사이를 발전적이고 희망적인 관계로 이어가게 한다. 대화할 때 어느 정도 가까운 사이라면 '나와 너' 또는 '나와 당신'이라는 표현보다는 '우리'라는 표현을 쓰는 것이 친밀감을 높이는 데 매우 효과적이다. '우리'라는 말속엔 '나와 너는 하나'라는 의미와 '함께'라는 의미가 내포되어 있다.

"나는 당신과 같이 그 일을 하고 싶습니다. 어떻게 생각하세요?"라는 말과 "우리가 함께 그 일을 해보는 것은 어떨까요? 우리가 함께한다면 잘 할 것 같은데요."라는 말 중 어떤 말에서 더 친밀감이 느껴질까. 당연히 두 번째 말을 더 친밀하게 느낄 것이다. 이처럼 우리라는 말은 공동체 의식을 갖게 하여 '우리는 하나'라는 친밀감을 준다. 이에 대해 일본 고마자와 여자대학 인문학부 교수인 도미타 다카시는 다음과 같이 말했다.

"'우리'는 '나'라는 1인칭의 복수형이지만, 의미는 좀 더 복잡하다고 할 수 있다. '우리는 참 좋은 부부야, 그렇지?'라고 말하던 두 사람도 부부싸움을 하면 '당신이 이런 벽창호라고는 생각지 못했어. 내 마음을 왜 모르는 거야.' '그래 나도 그런 말만 안 했어도 이렇게까지 나오진 않았을 거야.' 하고 '당신'과 '나'로 나누어져 버린다. 알기 쉽게 말하면 '당신'과 '나'는 마주 보는 관계, '우리'는 옆에 앉은 관계라고 할 수 있다. '우리'에는 파트너십이며 동료 의식이 존재한다. 내 호의가 상대방에게 통하고 있다고 느껴질 땐 한 번 써보는 것도 좋다. 그래서 상대방이 싫어하는 기색이 없다면 친밀도가 한 단계 업그레이드되었다고 생각해도 좋을 것이다."

도미타 다카시의 말에서 보듯 '우리'라는 말은 아주 단순하지만 어느 정도 친분이 갖춰진 사이에서 상대방이 싫어하지 않는다면 적절하게 잘 사용하는 것이 둘 사이의 관계를 더욱 친밀감 있게 만들어줄 것이다.

또한 상대방이 자신을 좋아할 거라 여겨 자연스럽고 적극적으로 행동하는 것이다. 마치 오래된 사이인 것처럼 말이다. 사람에 따라서는 이를 난처하게 생각하는 이도 있지만 자연스럽고 적극적으로 말과 행동을 하면 상대 또한 자연스럽게 말하고 행동하게 되는 경우가 많다. 이에 대해 경영 컨설턴트, 인간관계 전문가이자 《Yes를 끌어내는 설득의 심리학》의 저자인 레스 기블린Les Giblin은 다음과 말했다.

"어느 사람이건 순식간에 친구로 만드는 사람은 다른 사람들이 자신을 좋아하고 있는 것처럼 행동한다."

레스 기블린 말대로 사람들과의 관계가 좋은 사람들은 남들이 자신을 좋아하는 듯 아주 오래된 사이인 것처럼 말과 행동하는 것을 보게 된다. 또한 작은 일에서도 칭찬을 한다든지, 미소를 잘 짓는다든지, 공통된 취미나 좋아하는 일이 있다면 이를 적절히 잘 활용하는 것도 친밀감을 높이는 데 큰 도움이 된다. 왜 그럴까. 사람은 누구나 본능적으로 칭찬 받기를 원한다. 칭찬을 받는 순간 엔도르핀이 분출됨과 동시에 기분을 끌어 올려 분위기를 부드럽게 만든다. 또한 미소는 상대방과의 거리를 좁혀주고 분위기를 따뜻하게 만들어준다. 그리고 상대방과 성격과 공통 관심사가 같거나 비슷할 때 마음이 열리게 된다. 이는 본인의 의지와 상관없이 자연스럽게 이루어지는 현상이다.

상대방과 대화를 함에 있어, 좋은 분위기 속에서 좋은 결과를 얻거나 좋은 관계를 이어가고 싶다면 친밀감을 높여라. 친밀감이 함께 하는 것만으로도 이미 그 대화의 목적이 반은 이루어진 것이나 다름없다.

페기 구겐하임의 친밀 대화법

현대미술사의 갤러리의 여제, 탁월한 컬렉터이자 기획자인 페기 구겐하임Peggy Guggenheim은 친가와 외가가 모두 유대인이었다. 친할아버지 마이어 구겐하임은 행상을 하며 번 돈으로 전 세계 구리광산을 매입하고 재벌이 되었다. 외할아버지 셀리그먼은 남북전쟁 기간 연방군의 군복을 만드는 일로 부를 축적하여 거부가 되었다. 특히,

외할아버지는 미국 유대인 사회에서 사회적 명예를 얻은 유명 인사였다. 친가와 외가는 페기가 태어나던 해 뉴욕 유대인 사회를 움직이는 중심이 되었다.

하지만 어린 시절 페기는 늘 혼자였다. 어머니와 아버지 사이가 원만하지 않아 어머니는 어린 딸에게 관심을 두지 않았다. 또한 외가엔 많은 문제가 있었다. 이모는 상습도박자였고, 외삼촌들은 허랑방탕한 생활을 하였으며 한 외삼촌은 권총으로 자살하고 외할아버지 주변엔 늘 여자들이 있는 그야말로 비정상적인 가족 그 자체였다.

늘 혼자인 어린 딸이 가여워서일까, 아버지는 페기를 무척이나 예뻐하였다. 페기는 열다섯 살이 될 때까지 정규교육을 받지 않은 대신 좋은 교육을 받아야 한다며 어린 딸에게 개인 교사를 초빙하였다.

개인 교사 루실 콘은 미국의 명문 컬럼비아대학에서 고전문학 박사학위를 받은, 당시로서는 상당한 실력파였다. 그녀는 사회주의 운동의 열렬한 지지자이기도 했다. 그녀는 페기를 박물관 등에 데리고 다니며 고전미술에 대해 알게 했고 프랑스 역사와 문학에 대한 상식을 길러주어 페기는 자연히 미술에 대해 눈뜨게 되었다. 또 유럽 역사에 대한 폭넓은 지식을 쌓았고, 많은 문학작품을 읽음으로써 문학에 대한 이해를 키울 수 있었다. 이러한 일련의 가르침은 페기의 마음 깊이 내재함으로써 훗날 그녀가 걸출한 컬렉터가 되는 데 잠재적으로 작용하는 힘이 되었다.

페기는 자라면서 자유분방한 삶을 살았으며 사고방식이나 행동양식에 막힘이 없었다. 그녀가 자유로운 영혼을 가진 사람답게 자신의 인생을 원하는 대로 살 수 있었던 것은 개인 교개인 교사사 루실 콘의 영향이 절대적이었다. 루실 콘의 가르침은 페기에게는 마치 구원의 손길과도 같았다. 그녀의 가르침을 통해 페기는 자신이 무엇을 해야 하는가, 라는 근본적이고도 가장 중요한 문제 즉 자기에 대한 물음을 갖기 시작했다. 그리고 자신의 미래에 대해 언제나 생각을 잊지 않았던 그녀는 많은 사람과 만나고 헤어지면서도 그 사람들로부터 자신이 취해야 할 것은 철저하게 받아들였다.

페기는 주고받는 법칙에 능숙했다. 이를 좀 더 부연한다면 자신의 사랑을 주고 상대로부터 자신이 가지지 못한 미술에 대한 상식, 예술에 대한 가치성, 그리고 많은 예술가들을 소개받았던 것이다. 그로 인해 페기는 미술에 대해 견문을 넓히고 탁월한 컬렉터이자 기획자로 크게 이름을 얻고 또한 '페기 구겐하임 미술관'을 세움으로써 세계미술사에 큰 족적을 남겼다.

페기의 성공에는 유럽과 미국에 많은 조력자들이 있었다. 대표적인 사람을 꼽아보자면 첫 남편인 로렌스 베일이다. 미술에 문외한이었던 페기는 화가였던 로렌스 베일을 통해 많은 예술가와 교분을 쌓을 수 있었다.

또한 그녀와 5년 동안 동거한 존 홈스다. 홈스는 문학과 미술, 영화 등에 폭넓은 지식을 가졌을 뿐만 아니라 비평 능력이 뛰어났다. 페기는 존 홈스를 통해 예술비평에 대한 통찰력을 길렀다.

그리고 훗날 페기가 화랑을 차리는 데 결정적인 영향을 준 마르셀 뒤샹Marcer Duchamp이다. 뒤샹은 유럽에서 가장 영향력 있는 아방가르드(전위예술)의 거장이면서 페기가 컬렉터로 성공하는 데 많은 조언과 도움을 준 사람이다. 또 칸딘스키를 비롯한 많은 예술가를 소개하여 그녀가 적극적으로 활동하는 데 큰 힘이 되어주었다. 한 마디로 그는 그녀의 인생에 없어서는 안 될 인물로, 그녀의 운명과 같은 존재였다고 할 수 있을 만큼 막대한 영향을 끼쳤다.

좀 더 살펴보면 추상화에 대해 페기의 눈을 뜨게 하고 그림에 대한 열정을 불어 넣어준 플라이슈만 부부, 그녀를 부추겨 미술 공부를 하게 한 아먼드 로렌가드, 페기가 영국에 있을 때 화랑을 해보라는 권유를 한 페기 월드먼, 현대미술 화랑인 '구겐하임 죈Guggenheim Jeune'을 열고도 옛 대가들의 작품을 더 선호하는 그녀에게 현대미술의 중요성을 알게 해준 사뮈엘 베케트, 페기가 베네치아에서 개최한 전시회에 전시될 작품을 수집할 수 있도록 목록을 작성해준 허버트 리드, 프랑스의 예술가들을 지원하는 거류지를 돕는데 힘이 되어준 테오 반 두스부르흐의 미망인인 넬리 반 두스부르흐, 미국에 있을 때 여러 가지로 힘이 되어준 뉴욕 현대미술관 관장 앨프리드 바, 화랑 '금세기 미술관'을 멋지게 꾸며 준 키슬러, 금세기 미술관 화랑이 개최한 전시회가 성공할 수 있도록 도움을 준 마리우스 뷸리, 페기가 베네치아로 갔을 때 제24회 '베네치아 비엔날레'에 참가할 수 있도록 도움을 준 산토마소 등 페기가 성공한 인생이 되는 데 수많은 조력자가 함께했다. 그녀는 이들을 통해 미술품을 보는 안목과 전시 기획력, 미술에 대한 상식을 키울 수 있었다. 그녀는 자신이 배운 지식과 조력자의 도움을 적절하게 활용함으로써 자신이 기획한 것을 성공리에 실행할 수 있었다.

그렇다면 페기는 어떻게 해서 예술가와 문학가와 미술가를 비롯한 많은 사람들과 교류하며 자신이 원하는 것을 이룰 수 있었을까. 이는 그녀만의 뛰어난 소통 능력과 대화에 있었다. 이를 세 가지 관점에서 살펴보기로 하자.

첫째, 상대를 자신의 협력자로 만드는 친밀감이 뛰어났다.

페기는 처음 본 사람들도 자기편으로 만드는 능력이 뛰어났다. 그것은 바로 상대의 마음을 사로잡는 친밀감이었다. 그녀는 사촌인 헤럴드 러브가 하는 서점에서 일을 도왔다. 이곳에서 일하며 유명한 인사와 작가, 화가 등을 만나게 된 그녀는 언제나 친밀감 넘치는 모습으로 사람들을 대했다.

페기에게 있어 소중한 사람 중 하나인 플라이슈만 부부. 그들 부부와 페기가 소중한 사이가 될 수 있었던 것은 친밀감 넘치는 페기의 말 한마디 때문이었다. 페기는 서점에 자주 오는 플라이슈만 부부를 보고 따뜻함을 느끼곤 이렇게 말했다.

"저는 두 분을 뵙는 것만으로 마음이 참 따뜻해져요. 두 분은 제게 있어서는 마치 부모님과 같은 존재예요."

"그래요? 그렇게 말해주니 참 기분이 좋군요. 우리 또한 페기가 너무 사랑스러워 마치 딸과 같은 생각이 드는군요."

플라이슈만 부부는 친밀감 넘치는 모습으로 살갑게 대해주는 페기가 너무도 사랑스러워 이렇게 말했다. 그 후 플라이슈만 부부는 페기를 양딸로 삼고 물심양면으로 그녀를 도와주었다. 플라이슈만 부부는 페기에게 로렌스 베일을 소개해주었는데 그 역시 페기의 친밀감에 사로잡히고 말았다. 페기의 첫 남편이 된 그는 페기에게 많은 예술가들과 교분을 쌓을 수 있도록 해주었다.

로렌스 베일과 이혼 후 둘은 평생을 친구로 지내며 우정을 이어갔다. 예술가 존 홈스를 만났을 때도 페기는 예의 친밀감으로 그를 사로잡았다. 홈스는 문학과 미술, 영화 등에 폭넓은 지식을 가졌을 뿐만 아니라 뛰어난 비평 능력의 소유자였다. 페기는 존 홈스와 5년 동안 동거하며 그를 통해 예술비평에 대한 통찰력을 길렀다.

마르셀 뒤샹과의 만남도 마찬가지였다.

"저는 선생님을 볼 때마다 선생님을 만난 것에 대해 행운이라는 생각이 든답니다. 선생님같이 탁월하신 분을 안다는 것 자체만으로 제게는 큰 축복이니까요."

"하하, 그렇게 생각해 주는 페기가 정말 고맙군요."

마르셀 뒤샹은 아주 만족한 표정을 지으며 그녀를 친근하게 바라보았다.

그 후 둘은 친분을 쌓으며 지냈다. 미술에 문외한인 페기는 뒤샹으로부터 초현실주의와 입체주의를 배웠으며 수많은 미술가들을 소개받았다. 또한 그는 페기를 위해 전시회를 기획하는 등 그녀의 인생에 있어 가장 영향력을 끼친 은인이었다.

앞에서도 언급했듯이 페기에게 아낌없는 조력자가 되어준 수많은 사람들은 하나같이 그녀의 친밀감 넘치는 모습에 매료되었던 것이다.

친밀감은 그 자체만으로도 상대를 사로잡는 힘이 있다. 친밀감이 좋은 사람은 상대를 절대 불편하게 하거나 긴장감을 조성하지 않는다. 따뜻한 감성으로 말하고 꾸밈없이 부드럽고 자애롭게 상대를 편안하게 이끈다. 이에 대해 저술가이자 자기 계발 동기부여가이며 《적극적인 사고방식》으로 유명한 노만 빈센트 필Norman Vincent Peale 박사는 '남의 존경을 받는 10가지 방법'에서 이렇게 말했다.

"우리와 함께 있는 사람이 긴장감을 갖지 않도록 부드러운 인간이 되기에 노력해야 한다. 즉 낡은 신이나 모자를 쓰고 있는 것 같은 편안하고 친밀감 넘치는 사람, 꾸밈없는 사람이 되어야 한다."

필 박사의 말에서 보듯 편안하고 꾸밈없는 친밀감 넘치는 사람이 될 때 그 사람 주변에는 그와 함께하고 싶은 좋은 사람들이 모여드는 법이다. 페기 구겐하임은 친밀감을 잘 적용함으로써 성공적인 인생을 살 수 있었다.

둘째, 사람의 마음을 움직이게 하는 진정성이 뛰어났다.

사람들에게 좋은 이미지를 심어주고 인간관계를 잘하기 위해서는 진정성이 좋아야 한다. 진정성Authenticity의 사전적 의미는 '진실하고 참된 성질'을 뜻하는 말로 '거짓 없는 참된 마음'을 의미한다. 대대개의 사람이 갖는 공통적인 생각은 진정성이 뛰어난 사람은 자신에게 도움을 줄지언정 해를 끼치지 않을 거라는 믿음을 갖는다. 그래서 진정성이 뛰어난 사람과는 잘 지내고 싶어 하고, 좋은 관계를 이어가기를 바란다.

페기는 열정만큼이나 진정성이 뛰어났다. 그녀가 자신의 주변에 자신에게 꼭 필요한 사람들을 둘 수 있었던 데에는 진정성을 보임으로써 사람들의 마음을 끌어당겼기 때문이다. 페기가 미국에서, 베네치아에서 개최한 전시회에 전시될 작품목록과 작품을 수집할 수 있도록 목록을 작성해준 허버트 리드는 그녀의 열렬한 지원자였다. 그는 영국에 현대미술을 알리기 위해 노력할 뿐만 아니라 〈벌링턴 매거진〉의 편집자로 활동하고 있었다. 그가 페기를 돕기 전에 페기는 그가 자신에게 필요하다고 생각한 끝에 그를 만났다.

"선생님, 저와 함께 일을 하지 않으시겠어요? 선생님이라면 제가 자신 있게 전시회를 기획하고 성공적으로 잘해나가리라는 생각이 드는데요. 저에게 힘이 되어주세요. 네, 선생님."

페기는 자신의 심정을 솔직하게 담아 차분하지만 힘 있게 말했다. 그녀의 눈은 간절함으로 빛나고 있었다.

"왜 내가 필요하다고 생각하시오."

허버트 리드는 이렇게 말하며 그녀를 주시하였다.

"제가 하는 일은 제게도 중요하지만 미술을 좋아하는 사람들에겐 더더욱 필요한 일이기 때문입니다. 그런데 저는 모르는 게 많습니다. 이것이 제가 선생님께 도움을 청하는 이유입니다."

페기는 주저 없이 그러나 간곡하게 말했다. 그녀를 바라보던 허버트 리드의 얼굴엔 엷은 미소가 번져났다.

"그래요. 페기 씨에게 도움이 되어드리지요."

허버트 리드는 페기의 진정성에 승낙을 하고 말았던 것이다. 그는 페기에게 누구보다도 더 열정적인 도움을 주었다.

페기에게 도움을 준 사람들은 하나같이 그녀의 진정성에 매료되었던 것이다.

우울한 어린 시절을 보냈던 페기는 개인교습을 받으며 매우 진보적이고 자유분방한 성격으로 변하였다. 그녀의 성격은 성년이 되어서는 더욱 진일보하였다. 그만큼 그녀의 성격이 사람들과의 소통에 있어 빛을 발했던 것이다. 인간관계에 있어 성격은 큰 영향을 미친다. 성격에 따라 성공적인 인간관계도 이루어지고 틀어지기도 하기 때문이다. 성격의 중요성에 대해 세계적으로 유명한 경영 컨설턴트이자 동기부여전문가인 레스 기블린Les Giblin은 다음과 같이 말했다.

"인간관계의 문제는 성격에서 비롯된다."

레스 기블린의 말은 성격이 인간관계에 미치는 영향의 절대성에 대해 함축적으로 잘 보여준다고 하겠다. 진정성은 인간관계에 있어 상대를 내 편으로 만드는 매우 훌륭한 마인드이다. 페기가 자신에게 필요한 사람들을 불러 모을 수 있었던 것은 그녀의 진정성이 큰 힘이 되었던 것이다.

셋째, 가난하고 이름 없는 미술가에게 아낌없이 베풀고 배려해 주었다.

누군가를 배려하고 힘이 되어준다는 것은 쉽지 않다. 때로는 헌신과 희생이 필요하기 때문이다. 즉, 자신의 사랑과 열정을 쏟아붓는 일이기에 상대에 대한 관심과 사랑이 없이는 할 수 없는 일이다.

페기가 미국에 세운 화랑 '금세기 미술관'을 통해 데뷔한 잭슨 폴록은 그녀가 발굴하여 적극적으로 지원한 화가이다.

"잭슨, 난 당신이 좋은 화가가 되길 바랍니다. 당신에게는 충분히 그럴만한 재능이 있습니다. 당신이 당신의 재능을 살릴 수 있도록 힘이 되어주겠어요. 어때요. 나랑 같이 멋지게 일해보지 않을래요?"

페기는 잭슨 폴록의 재능을 알아보고 이같이 말했다.

"정말입니까? 제게 힘이 되어주신다면 열심히 해보겠습니다."

잭슨 폴록은 페기라는 능력자의 말에 깊이 심취하여 떨리는 목소리로 말했다.

"그래요. 그렇게 해요, 우리."

"감사합니다. 최선을 다하겠습니다."

페기의 말에 잭슨 폴록은 크게 감동한 얼굴로 말했다.

페기는 그를 지원하기 위해 그 누구에게 보다도 심혈을 기울였다. 그가 안정적으로 작품 활동을 할 수 있도록 그와 계약을 맺고 월 150달러를 지원하였으며, 그의 작품을 팔기 위해 그녀의 표현대로 온 노력을 집중하였다. 페기의 지속적이고 헌신적인 지원에 힘입어 잭슨 폴록은 미국을 대표하는 액션 페인팅의 거장이 되었다. 잭슨 폴록은 페기가 없었다면 무명에 지나지 않았을 것이다.

'금세기 미술관'을 통해 데뷔한 화가로는 잭슨 폴록 외 윌리엄 바지오츠, 로버트 머더웰이 대표적이다. 그리고 마크 로스코, 클리퍼드 스틸도 그녀의 후원으로 전시회를 열 수 있었다.

이렇듯 페기는 미술시장에서 금기시하는 무명 작가들에게 길을 열어주고 그들이 성장하는 데 있어 아낌없이 힘이 되어주었다. 여기에 바로 페기의 빛나는 안목과 기획자로서의 위대성이 있는 것이다. 대개의 화랑 기획자들은 잘나가는 화가들을 통해 쉽게 명성을 얻고 돈을 벌려고 한다. 그러나 페기는 그와 반대로 재능은 있지만 가난하여 또는 이런저런 이유로 전시 기회를 얻지 못하는 무명 화가들이 전시회를 할 수 있도록 지원함으로써 그들이 성공하는 데 크게 기여하였다. 이에 대해 뉴욕 현대미술관 초대 관장을 지낸 알프레드 바는 페기에 대해 이렇게 말했다.

"그녀는 단순히 자신의 즐거움을 위해 예술작품을 모으는 수집가나, 예술가를 돕고 공공 미술관을 설립하는 자선 사업가에 머무는 것이 아니라 예술과 예술가 모두에게 적절한 수단을 사용할 줄 알았던 행동가였다."

알프레드 바의 말에서 알 수 있듯 페기는 컬렉터로서도 대단하지만 화랑을 세우고 전시회를 기획하고 예술가들을 후원하는 등 미술 전반에 걸쳐 관여한, 예술가가 아니면서도 진정한 예술혼을 가진 위대한 미술인이었다.

인간관계에서 따뜻한 배려와 관심이 얼마나 중요한지에 대해 고대 그리스 극작가인 메난드로스Menandros는 이렇게 말했다.

"마음을 자극하는 단 하나의 사랑의 영약, 그것은 진심에서 오는 배려이다."

메난드로스의 말처럼 페기의 따뜻한 관심과 배려는 많은 무명 화가들에게 큰 힘이 되었으며, 그들은 그녀의 아낌없는 지원에 힘입어 성공한 미술가의 삶을 살게 되었던 것이다.

페기는 현대미술사에 있어 하나의 역사이며 그 자체가 미술사라 하겠다.

페기 구겐하임의
친밀대화법 적용하기

인간관계에서 친밀함은 몇 번을 강조해도 부족하다. 그만큼 중요하다는 것이다. 아무리 그 사람이 뛰어난 존재라고 하더라도 무뚝뚝하거나 예의가 없다면 관심도가 떨어진다. 몸과 마음이 뻣뻣하면 가까이 다가가고 싶은 마음이 없어진다.

하지만 친밀하다면 문제는 달라진다. 친밀하다는 이유만으로 더 좋은 평가를 받게 됨으로써 더 좋은 이미지를 심어주게 된다.

페기의 친밀대화법을 익힌다면 인생을 살아가는 데 많은 도움이 될 것이다. 이를 세 가지 관점에서 살펴보기로 하겠다.

첫째, 상대방이 친밀감을 느끼고 다가오게 하라.

사람들과의 관계에서 자신이 원하는 사람과 좋은 관계를 맺고 싶다면 상대가 친밀감을 느낄 수 있도록 해야 한다. 그러기 위해서 따뜻하고 부드러운 이미지를 심어줄 수 있다면 매우 효과적이다. 친밀감을 주는 사람에게는 거리감이 느껴지지 않아 거부감이 들지 않기 때문이다.

따뜻하고 부드러운 미소를 지며 "나는 당신이 내 일을 도와주었으면 해요. 당신이라면 충분히 내게 힘이 되어 주리라 믿으니까요."라는 말과 엄숙한 표정으로 "내 일을 좀 도와주세요. 부탁합니다."라는 말과 어느 쪽이 더 도움을 주고 싶은 생각이 들까. 당연히 첫 번째 말이라고 생각이 들 것이다. 첫 번째 말은 그가 누구라 할지라도 도와주고 싶은 마음이 든다. 따뜻한 친밀감으로 상대방의 마음을 움직이기 때문이다. 그러나 두 번째 말은 거부감이 인다. 친밀감이 없는 무덤덤한 표현의 말이기 때문이다.

페기의 화랑 '금세기 미술관'이 개최한 전시회가 멋지게 성공할 수 있도록 도움을 준 마리우스 뷸리, 페기가 베네치아로 갔을 때 제24회 '베네치아 비엔날레'에 참가할 수 있도록 도움을 준 산토마소 등 그녀가 많은 사람들로부터 도움을 받을 수 있었던 것은 그녀 특유의 친밀감이 상대의 마음을 강하게 끌어당겨 도와주고 싶은 욕구가 들게 했다. 이에 대해 저서 《인간의 행동을 지배하는 힘》으로 유명한 미국 심리학자인 해리 A. 오버스트리트 교수는 다음과 같이 말했다.

"인간의 행동은 마음속의 욕구에서 생긴다. 그러므로 사람을 움직이게 하는 최선의 방법은 먼저 상대방의 마음속에 강한 욕구를 일으키는 것이다. 장사하는 데에도, 가정이나 학교에 있어서도, 혹은 정치에 있어서도 사람을 움직이려 하는 자는 이를 명심할 필요가 있다. 이것을 할 수 있는 사람은 만인의 지지를 얻는 데 성공하고, 하지 못하는 사람은 한 사람의 지지를 얻는 것도 실패할 것이다."

오버스트리트의 말을 보더라도 상대방이 자신을 도와주고 싶은 마음이 들게 하는 것, 그것은 곧 친밀감을 느끼도록 하는 것이다. 친밀감은 선천적으로 타고나기도 하지만 훈련으로 얼마든지 기를 수 있다. 친밀감을 기르기 위해서는 어떻게 해야 할까.

상대방이 친밀감을 느끼고
다가오게 하는 법

01_ 대화함에 있어 적절할 때 짓는 미소는 상대방의 마음을 포근하게 만들어준다. 미소는 비언어적 의사소통의 수단으로 친밀감을 높이는 데 매우 효과적이다. 이를 습관화하라.

02_ 친절한 말과 행동은 상대방의 호감을 불러일으킨다. 친절한 말과 행동을 습관화하라.

03_ 부드럽고 따뜻한 이미지를 길러라. 대화의 상대가 누구든 부드럽고 따뜻한 사람에겐 마음을 오픈하게 된다. 부드럽고 따뜻한 이미지를 몸에 배게 습관화하라.

대화함에 있어 상대방에게 친밀감을 느끼게 하는 것은 대화를 자신에게 유리하게 이끄는 원동력이 된다. 친밀감을 느끼게 하기 위해서는 '상대가 친밀감을 느끼고 다가오게 하는 법' 세 가지를 몸에 익혀 습관화하라.

성공적인 인생을 살았던 사람들은 인간관계가 좋았다는 공통점이 있다. 이들의 공통점 중엔 사람을 끌어당기는 힘, 즉 친밀감이 뛰어났다는 것을 볼 때 친밀감이야말로 인간관계의 필수조건이라는 것을 잊어서는 안 될 것이다.

둘째, 상대방의 마음을 움직일 수 있도록 진정성을 갖춰라.

진정성이 넘치는 사람은 그가 무엇을 말해도 믿음이 가고, 그가 무엇을 하던 격려해주고 싶은 마음이 든다. 거짓 없는 진실한 마음은 '삶의 보석'과 같아 진정성이 넘치는 사람은 값진 보석을 지니고 사는 것과 같다.

영국의 시인이자 극작가인 윌리엄 셰익스피어William Shakespeare는 진실해야 하는 것에 대해 다음과 같이 말했다.

"먼저 내가 할 일은 내가 나 자신에게 진실해야 한다는 점이다. 어찌 스스로는 진실하지 못하면서 남이 나에게만 진실하기를 바라는가. 만약, 그대가 자신에게 진실하다면 밤이 낮을 따르듯, 어떠한 사람도 그대에게 거짓말을 하지 않게 될 것이다."

셰익스피어의 말을 보면 사람들에게 진정성 있게 보이기 위해서는 자신에게 진실해야 한다는 것을 알 수 있다. 자신에게 진실해야만 다른 사람에게도 진실할 수 있기 때문이다.

미술에 문외한인 페기가 컬렉터가 되고 뛰어난 기획자가 될 수 있었던 것은 사람들을 사로잡은 진정성 때문이었다. 특히 예술가들은 저마다 개성이 강해 까다롭기가 그지없다. 그런 사람들을 자기편으로 만든다는 것은 쉽지 않다. 그런 이들을 자신을 돕는 사람들로 만들었으니 이것만 보더라도 그녀가 얼마나 진정성이 넘치는 사람이었는지 알 수 있다.

페기가 유럽과 미국의 많은 화가들과 유대관계를 맺을 수 있도록 물심양면으로 도움을 준 독일화가 막스 에른스트Max Ernst는 그녀와 결혼까지 하였다. 막스가 페기에게 도움을 주고 결혼까지 한 것은 열정 넘치는 그녀의 미술 사랑과 진정성 때문이었다.

상대방의 마음을 움직이는
진정성을 기르는 법

01_ 스스로 정직해야 한다. 자신에게 정직한 사람은 남에게도 정직하다.

02_ 책임감 있는 자세를 길러야 한다. 책임감이 강한 사람은 믿음

을 주기에 부족함이 없다.

03_ 한 번 한 약속은 반드시 지켜야 한다. 약속은 지키라고 있는 것이다. 약속을 잘 지키는 것만으로도 신뢰감을 준다.

04_ 언제나 한결같은 모습을 잃지 말아야 한다. 한결같은 사람은 소나무와 같아 변함이 없다는 마음을 심어준다.

05_ 상대방이 믿음과 신뢰를 갖게 말하고 행동하라. 그러기 위해서는 경거망동을 금하고, 심지가 굳고 의연한 자세를 지녀야 한다.

아무리 말을 찰지게 잘하고 참기름 바른 듯 매끄럽게 해도 진정성이 없으면 울리는 꽹과리와 같다. 진정성이 있을 때 믿음과 신뢰를 주게 된다. 진정성을 기르기 위해서는 '상대방의 마음을 움직이는 진정성을 기르는 법' 다섯 가지를 몸에 익혀 습관화해야 한다.

그리고 무엇보다 중요한 것은 진정성 있는 자세를 일관성 있게 유지해야 한다. 상황에 따라 달라진다면 상대방은 진정성을 의심하게 되고 한번 의심받기 시작하면 나중에는 불신하게 됨으로써 그와의 관계를 단절시켜버린다. 진정성 있는 말과 행동은 상대방을 내 편으로 만드는 확실한 보증수표와 같음을 명심해야 한다.

셋째, 상대방에게 관심을 두고 따뜻한 마음으로 베풀고 배려하라.

사람은 누구나 자신에게 관심을 갖고 따뜻하게 대해주는 사람을 좋아한다. 그런 사람은 자신에게 꼭 필요한 사람이라고 생각한다. 그래서 그와 같이 소통하기를 바라고 좋은 관계를 맺기 위해 최선을 다하게 된다.

사실 남에게 베풀고 배려한다는 것은 말처럼 쉽지 않다. 그렇게 한다는 것은 나의 사랑을 주고, 나를 헌신하는 일이기 때문이다. 그러나 자신이 가치 있는 삶을 살아감으로써 행복해지길 바란다면 베풀고 배려해야 한다. 베풂과 배려의 중요성에 대해 프랑스 작가이자 비평가인 아나톨 프랑스Anatole France는 다음과 같이 말했다.

"이 세상의 참다운 행복은 남에게서 받는 것이 아니라 내가 남에게 주는 것이다. 그것이 물질적이든 정신적이든 인간에게 있어서 가장 아름다운 행동이기 때문이다."

그리고 영국의 소설가이자 소설 《지킬 박사와 하이드 씨》로 유명한 로버트 스티븐슨Robert Stevenson은 이렇게 말했다.

"사랑을 베푼다는 것은 이 세상을 꽃밭으로 만드는 위대한 열쇠이다."

아나톨 프랑스와 로버트 스티븐슨의 말에서 알 수 있듯 베풂과 배려는 자신을 행복하게 하는 일이자 가치 있게 하는 일이며 세상을 아름답게 하는 일이다.

페기는 베풂과 배려의 중요성을 잘 알았다. 그래서 그녀는 재능은 있지만 가난하거나 전시회 기회를 얻지 못한 무명의 미술가들을 적극적으로 발굴하고 전시회를 열 수 있도록 주선해 주었다. 그리고 그들을 알리기 위해 노력했으며 작품을 팔기 위해 최선을 다했다. 그렇게 해서 많은 미술가들이 유명해졌는데, 특히 잭슨 폴록과 마크 로스코는 일취월장하며 자신의 분야에서 거장이 되었다. 이처럼 페기는 재능 있는 화가들을 통해 비전을 발견하고 적극적으로 베풀며 후원했던 것이다.

그렇다면 상대에게 베풀고 배려하는 마음을 기르기 위해서는 어떻게 해야 할까.

상대방에게 관심을 갖고
따뜻한 마음을 베풀고 배려하는 법

01_ 무슨 일이든 따뜻한 마음으로 상대방을 이해해주고 편안하게 대해주어라. 상대방의 마음을 자신에게 끌어들이는 수단으로 상대에게 베풀고 배려하는 것보다 더 좋은 것은 없다. 베풂과 배려가 상대의 마음을 움직이는 것은 그 마음이 상대에 대한 사랑과 관심이기 때문이다. 사람은 누구나 베풀고 배려심이 좋은 사람에게 관심을 갖게 되고, 그와 좋은 관계를 맺기 바란다.

02_ 자신이 먼저 양보하는 미덕을 보여야 한다. 사람은 자신을 위해 양보해 주는 사람에게 고마운 마음을 가지면서 그가 썩 괜찮은 사람이라고 생각한다.

03_ 상대방의 관점에서 바라보고 생각하는 것이 중요하다. 이는 상대방에 대한 예의이며 상대방에게 '나는 당신에게 관심이 많습니다'라는 것을 암시하는 것으로 상대방은 긍정적으로 받아들이게 된다.

대화할 때 상대방에게 관심을 갖고 따뜻한 마음을 베풀고 배려한다면 상대로부터 좋은 사람이라는 말을 듣게 된다. 상대방에게 좋은 이미지를 심어주기 위해서는 '상대방에게 관심을 갖고 따뜻한 마음을 베풀고 배려하는 법' 세 가지를 몸에 배게 하라. 그러면 상대방과의 대화에서 우위를 점하게 될 것이다. 자신이 누군가에 소중한 사람이 되어줌으로써 자신은 물론 상대 또한 잘 될 수 있고 행복할 수 있다면, 페기가 그랬듯이 상대방에게 베풀고 배려하는 일을 게을리하지 말아야 한다.

미술에 대해 아무것도 아는 게 없었던 페기가 미술품 컬렉터로, 전시회 기획자로, 페기 구겐하임 미술관을 남기며 맘껏 역량을 펼칠 수 있었던 요인은 그녀의 뛰어난 소통 능력에 있다. 다시 말해 페기가 자신이 필요로 하는 사람들을 자신의 조력자로 만들 수 있었던 가장 큰 힘은 그녀의 친밀함에서 오는 대화라는 것이다. 페기와 함께 했던 사람들은 하나같이 그녀에게 금세 빠져들었고, 이와 같은 친밀함의 마력은 인간관계를 매끄럽게 이어줄 만큼 힘이 세다.

페기가 자신의 장점을 최대한 끌어 올려 유능하고 저명한 미술가와 평론가, 작가와 시인 등 그들의 마음을 움직임으로써 현대미술사에 길이 남을 수 있었던 것처럼 자신의 인생을 성공적으로 쓰기 위해서는 페기의 '친밀대화법'을 배워 철저하게 적용시켜라. 그렇게만 할 수 있다면 자신의 인생을 가치 있고 행복하게 하는 데 있어 큰 힘이 될 것이다.

Chapter 3

유대인의
비언어적 화법 요소

유대인의
비언어적 화법 요소란?

세계인구 대비 약 0.2%에 불과한 유대인이 받은 노벨상은(문학, 평화, 생리학 의학, 물리학, 경제학, 화학) 6개 전 분야에서 약 22%에 이른다고 한다. 1901년 노벨상이 만들어진 이후 지금까지의 수치이니 경이로운 일이 아닐 수 없다.

특히, 유대인은 금융과 경제 부분에서 압도적인 두각을 나타내며 초강대국인 미국의 중심세력으로 군림하고 있다. 미국에는 약 600만 명의 유대인이 살고 있는데 이는 유대인 총인구 1,650만 명의 약 40%에 해당한다. 돈을 앞세운 유대인은 미국의 정치계는 물론 학계, 금융계, 예술계를 비롯한 사회 전반의 분야에서 막강한 위력을 과시하며 자신들의 재능과 우수성을 한껏 드러내고 있다.

미국에는 유대인 로비 단체로 유명한 '미국-이스라엘 공공 정책 위

원회AIPAC'가 있다. 이 단체는 미국이 친이스라엘정책을 펼치게 함
으로써 자국의 평화와 안보, 국방, 정치, 경제 등을 돕고 있다. 미국
의 정치인은 누구라도 이 단체의 눈 밖에 나면 정치생명이 끝난다는
말이 있을 정도로 그 파워가 막강하다. 마치 무소불위無所不爲의 권력
과도 같다 하겠다.

유대인은 미국을 등에 업고 세계적으로도 그 위세를 떨치고 있다.
그 어떤 나라도 인구 800만(이중 유대인은 610만)의 이스라엘을 함부로
하지 못한다. 유대인은 이를 바탕으로 하여 전 세계의 경제와 금융
및 전반적인 분야에서 그 힘을 떨치고 있다.

AD 70년 이스라엘이 로마에 멸망하자 유대인은 살기 위해 전 세계
로 뿔뿔이 흩어졌다. 그들은 가는 곳마다 갖은 멸시와 천대, 압박을
받으면서도 살기 위해 이를 악물고 버텨냈다.

이탈리아 등엔 유대인의 거주지역인 '게토Ghetto'가 있다. 유대인은
게토를 벗어나 살 수 없었다. 마치 창살 없는 감옥과 같은 삶이었다.
그들은 좋은 직업을 가질 수 없었으며, 그들이 할 수 있는 일은 허드
렛일을 비롯한 막일 등 극히 제한적이었지만 그들은 가리지 않고 닥
치는 대로 일했다. 악착같이 돈을 모은 유대인은 돈을 빌려주고 이자
를 받는 일을 하면서 그 지역사회에서 뿌리를 내리기 시작했다.

유대인은 지혜와 지식이 뛰어난 민족으로 이를 바탕으로 하여 경

제와 이재에 밝아 금융업에 종사하였다. 그 대표적인 예가 세계적인 금융재벌 로스차일드Rothschild 가문이다.

이처럼 유대인은 최악의 순간에도 살아남았으며, 제2차 세계대전 당시 히틀러에 의해 600만 명이 넘는 유대인들이 아우슈비츠 강제 수용소에서 독가스로 희생되는 참화를 겪었지만 그들은 언제 그런 일이 있었느냐는 듯 건재하다.

유대인은 실패를 두려워하지 않는다. 아브라함을 비롯한 그들의 조상은 유목 생활을 하면서 물과 풀을 찾아 온 사방을 떠돌며 살았다. 그러는 가운데 물과 풀을 차지하기 위해 이민족과 숱한 싸움을 하는 등 수많은 어려움을 겪으며 살았다. 그러다 보니 실패는 살아가는 일의 일부분이라고 생각하게 되었던 것이다.

이리저리 떠돌며 살던 유대인은 이민족과 잘 지내기 위해서는 '중용中庸'의 미덕을 알게 되었으며, 그러는 가운데 다양한 삶의 지혜를 터득하게 되었다.

유대인 민족서이자 지혜서인 《탈무드Talmud》는 유대인의 5천 년 역사의 기록으로, 조상들이 대대로 살아오면서 기록한 '지혜의 보고寶庫'이다. 유대인은 어린 시절부터 《탈무드》를 탐독하며 지혜를 기른다. 이렇게 해서 유대인은 누구나 지식을 쌓았으며, 지식이야말로 진정한 재산이라고 생각한다.

유대인은 선민사상選民思想으로 무장한 민족이다. 선민사상이란 하나님으로부터 선택받은 민족이라는 뜻이다. 그래서 어떤 위급한 상황에서도 아버지인 여호와 하나님께서 자신들을 구원해 준다고 굳게 믿는다. 이런 선민사상은 두려움을 잊게 하고, 최악의 순간에도 살아남을 수 있다고 믿게 한다.

구약시대 유대인은 애굽(지금의 이집트)에 4백 년 동안 볼모 잡혀 살면서도 희망을 버리지 않았다. 그리고 그 오랜 세월을 이겨내며 마침내 이스라엘로 돌아올 수 있었다.

유대인은 밟으면 밟을수록 더 강해지는 민족이다. 랍비 마빈 토케이어가 말했듯 그들은 '공기 인간'의 전형典型이다.

공기 인간이란 공기가 사람이나 동식물에게 필요하듯, 또한 작은 틈만 있어도 어디든 비집고 들어가는 공기처럼 유익하고 막힘이 없는 존재라는 뜻이다. 그러니까, 누구에게나 필요한 민족이고 어디에서든 어떤 상황에서든 살아남는 강한 민족이라는 것이다.

우리에게 잘 알려진 대표적인 유대인으로는 우주의 특수상대성이론과 일반상대성이론을 발견한 알베르트 아인슈타인(독일 20세기 최고의 물리학자), 지그문트 프로이트(프랑스 정신분석학의 창시자), 헨리 키신저(미국 국무장관으로 외교의 달인), 아이작 뉴턴(영국 물리학자. 만유인력 법칙을 발견), 카를 마르크스(독일 공산주의 창시자), 멘델스존(독일 작곡가), 아르투르 루빈스타인(러시아 피아니스트), 레너드 번스타인(미국 지휘자이자 작곡가), 체 게바라(아르헨티나 쿠바 혁명가), 조지 소로스(미국 펀드매니지먼트 회장), 스티븐 스필버그(미국 세계 영화계의 거장) 등을 꼽을 수 있다. 이를 분야별로 좀 더 살펴보면 다음과 같다.

정치계로는 피에르 망데스 플랑스(프랑스 수상), Y. 지노비에트(러시아 혁명가), 레프 B. 카메네프(러시아 혁명가)외, 경제계로는 카미로 오리베티(이탈리아 오리베티사 창립자), 안드레 G. 시트로엥(프랑스 자동차 창립자), 데이비드 사노프(NBC 창립자), 헬레나 루빈시타인(헬레나 화장품 회사 창립자), 로렌스 바렌시타인(유명광고회사 그레이사 창립자), 세르게이 브린, 래리 페이지(구글 창립자), 스티브 잡스(애플 창립자), 빌 게이츠(마이크로소프트 창립자), 마크 저커버그(페이스북 창립자), 하워드 슐츠(스타벅스 창립자)외, 학계로는 로베르트 코흐(결핵균, 콜레라균 발견자), 알리 베르그송(프랑스 철학자), 라자르 자멘호프(에스페란토어 창안자), 젤만 왁스먼(스트렙토마이신 발견자), 에리히 프롬(심리학자, 사회학자 저술가), 아더 F. 번즈(미국 경제학자이자 연방은행 이사장), 밀턴 프리드먼(경제학자), 포올 A. 사무엘슨(경제학자), 로자 룩셈부르크(독일 경제학자이자 사회주의자), 언론계로는 T. J. 배론 로이터(영국의 로이터 통신 설립자), 자르츠바거가(뉴욕 타임즈 설립자), 월터 리프만(칼럼니스트) 등을 들 수 있다.

하지만 이는 극히 일부분에 지나지 않는 숫자에 불과하다.

이렇듯 유대인은 창조적인 민족이자 자타가 인정하는 세계의 민족으로 평가받는다.

유대인은 그들만의 교육방식인 〈하브루타〉 교육을 하고, 《탈무드》
를 읽고, 《토라》를 암송하며 여호와 하나님을 유일신으로 받든다. 그
들은 모래와 돌 등 척박한 환경에서 유목 생활을 하면서도 언제나 꿈
과 희망을 잃지 않았다. 나아가 숱한 고난과 역경 속에서도 하나님의
축복 약속을 굳게 믿었다. 그리고 오늘날 전 세계적으로 가장 뛰어난
민족으로 살아가고 있다.

유대인이 각 분야에서 두각을 나타내는 데는 앞에서 말한 그들만
의 교육방식과 삶의 방식 외에도 그들의 창조적인 '말의 힘'에 있다.
즉, 유대인 대화법에 있다.

그리고 유대인 대화법을 돋보이게 하는 그들만의 비언어적 화법
요소에 있다고 하겠다. 유대인의 비언어적 화법 요소란 언어는 아니
지만 대화의 질을 높이는 화법 즉, 대화의 외적인 요소를 뜻한다.

유대인의 비언적 화법 요소로는 《탈무드Talmud》, 선민사상Elitism,
《토라Torah》, 하브루타Havruta, 경청Listen, 유머Humor, 중용Mean, 강인
함Strong, 진정성Authenticity, 성실성Sincerity 등을 들 수 있다.

이를 체계적으로 살펴보는 것은 유대인의 비언어적 화법 요소를
익힘으로써 대화의 질을 높이는 데 큰 도움이 되리라 믿기 때문이다.
이를 마음에 새겨 숙지하고 실천에 옮긴다면 사람들과의 대화에서
좋은 결과를 얻게 될 것이다.

01

Talmud

《탈무드Talmud》는 히브리어로 '깊이 배운다'라는 뜻이다. 유대인은 무엇을 배워도 깊이 배운다. 수박 겉핥기식은 절대 용납하지 않는다. 배움의 진정한 가치이자 목적은 하나를 배워도 깊이 그리고 충만히 배우는 것이다.

탈무드는 5천 년 역사와 전통을 자랑하는 총 20권에 1만 2천 페이지, 2백 50만 단어로 이루어진 유대민족의 살아있는 지혜가 체계적으로 정리된 방대한 책이다.

탈무드에는 인간이 살아가는 데 필요한 예술, 법, 도덕, 상술, 처세술, 자기 계발, 가정, 부부, 자녀, 성, 교육 등 각 분야의 상식과 지혜가 아침햇살처럼 반짝이고 있다. 그리고 놀라운 것은 탈무드가 가르치는 지혜는 현재에도 그대로 적용되고 있으며 미래에도 적용된다는 사실이다.

탈무드는 과거 완료형이 아니라 언제나 현재진행형이며 미래지향적이다. 그것을 단적으로 말해주는 것은 이 책이 나라마다 번역 출간되어 널리 읽히고 있다는 점이다. 우리나라에도 무려 수십 군데가 넘는 출판사에서 발행되었고, 지금도 계속해서 출판되고 있는 지혜의 보고寶庫이다.

탈무드에 보면 "만나는 사람 모두에게서 무엇인가를 배울 수 있는 사람이 세상에서 가장 현명한 사람이다."란 말과 "모르는 것을 묻지 않는 것은 쓸데없는 오만일 뿐 아무것도 아니다."라는 말이 있다.

유대인에게 있어 배움은 하나의 생활이다. 그들은 평생을 배우며 산다. 배움엔 일정한 기간이 없다는 것이 그들의 생각이다. 이것이 우리와 다른 점이다. 우리는 대학을 나오면 그것으로 공부는 끝나고 회사에 매여 일만 하면 된다고 생각한다. 물론 자기 계발을 위해 노력하는 사람들은 열심히 공부하지만 이는 극히 일부에 속한다.

진정한 공부는 대학을 마치고 나서부터이다. 학교에서 배운 공부를 실제에 적용하기 위해서는 더 많이 책을 읽고 공부해야 한다. 그래야 풍부한 상식을 갖게 되고 그로 인해 인정받고 자아를 실현함으로써 스스로 만족할 수 있는 것이다.

배움의 소중함에 대한 유대인의 생각을 잘 알게 하는 이야기이다.

배가 바다를 항해하고 있었는데 배에는 부자들만 타고 있었다.

"나는 커다란 집에 끝이 안 보이는 땅을 갖고 있지요. 그리고 금고엔 보석이 가득 하답니다."

어떤 사람이 이렇게 말하며 어깨를 으쓱거렸다.

"그래요? 나는 집채만 한 금고에 엄청나게 많은 금은보화가 있지요. 보기만 해도 광채가 번쩍거리는데, 그것만 바라보아도 배가 부르답니다."

키가 크고 턱수염이 난 사람이 말했다.

"그래요? 겨우 그 정도 갖고 뭘 그러십니까? 나는 우리가 타고 있는 배보다 더 큰 금고를 가지고 있지요. 그 금고엔 다이아몬드와 보석이 가득 차 있습니다. 그리고 돈도 산더미처럼 쌓여 있답니다. 지금 내 짐 꾸러미는 모두가 금은보화지요."

첫 번째, 두 번째 사람은 세 번째 사람이 하는 말을 듣고 입을 딱 벌렸다. 그도 그럴 것이 자기네보다 엄청난 부자였기 때문이다. 그 모습을 물끄러미 바라보고 있던 랍비가 웃으며 말했다.

"그 정도로 큰 부자라 할 수 없지요. 나는 내가 가장 큰 부자라고 생각합니다."

"그래요? 얼마나 재산이 많길래 나보다도 더 큰 부자라고 하는지요?"

세 번째 사람이 궁금한 표정으로 물었다.

"지금은 말할 수 없답니다."

"왜요? 무슨 일이라도 있나요?"

"아니요. 두고 보면 압니다."

랍비의 말을 듣고 세 사람은 고개를 갸우뚱거렸다.

그리고 얼마 뒤, 배는 해적의 습격을 받았다. 무시무시한 해적 앞에 부자들은 벌벌 떨었다.

"가진 돈과 보석을 다 내놓아라! 그러면 목숨만은 살려주겠다."

기세등등한 해적의 말에 부자들은 앞다투어, 자신들이 가지고 있던 돈과 보석들을 내놓았다.

"너는 왜 아무것도 안 내놓는 것이냐?"

"나는 가진 것이 없는 랍비입니다."

"그래? 넌 랍비니 됐다."

두목 해적은 이렇게 말하며 큰 소리로 말했다.

"오늘은 운이 아주 좋군. 이것들을 모두 우리 배에 옮겨 실어라!"

두목 해적의 말에 부하들은 신이 나서 보석이 들어 있는 짐을 옮겼다. 재산을 빼앗긴 부자들은 허탈한 얼굴이 되어 멍하니 서로를 쳐다

보았다.

그러나 아무것도 가지고 있지 않은 랍비는 잃은 것도 손해 본 것도 없었다.

잠시 후 배는 어느 항구에 닿았다. 배에서 내린 사람들이 사라지고, 얼마간의 시간이 지난 뒤 랍비는 같은 배를 탔던 부자들을 만났다. 그들은 하나같이 초라해져 있었다.

"확실히 당신이 옳았습니다. 배운 사람은 이미 모든 것을 가진 것이지요."

그들의 말을 듣고 랍비는 빙그레 웃었다.

이는 탈무드에 나오는 이야기로, 유대인은 배움을 통해 쌓은 지식을 그 어떤 재산보다도 소중하게 생각한다. 배움과 지식은 그들에게 있어 재물 그 이상의 의미를 담고 있다. 유대인에겐 2,000년 전이나 1,000년 전이나 그것은 곧 현재이고 미래이다. 그들이 자랑하는 탈무드는 5,000년 유대인 역사가 담겨있고, 삶이 담겨 있고, 지혜가 담겨 있는 방대한 책이다. 전 세계 어느 나라에서도 찾아볼 수 없는 지혜로운 '삶의 가이드북'이라고 할 수 있다.

더 놀라운 것은 탈무드가 과거 어느 순간 몰아서 쓰인 것이 아니라는 것이다. 역사가 진행되는 동안 그 시대에 맞게 쓰이고 수정되었다. 이것이 의미하는 것에 주목할 필요가 있다. 즉, 시대마다 그 시대에 맞는 삶의 지혜가 그대로 투영되었다는 것이다. 그러니까 탈무드는 언제나 현실을 반영하는 책으로 고정된 것이 아니라 언제나 현재 진행이며 미래형이라는 거다.

탈무드의 관점에서 보듯이 어느 시대이건 유대인에게는 늘 현실이고, 그래서 현실주의적 태도로 모든 것을 진행하고 실행해 나가는 민족이 유대인이다.

그렇다면 탈무드가 유대인의 비언어적 화법 요소로서 갖는 중요성은 무엇일까. 탈무드는 곧 '배움'이며 '지식'이자 '지혜'이다. 많이 아는 사람이 대화에서 더 유리한 위치에 설 수 있는 것은 대화의 내용에 따라 그에 맞는 지식을 적용하기에 훨씬 유리하기 때문이다. 특히, 논리가 있어야 하는 대화를 할 때 더더욱 지식의 효용가치는 그만큼 더 크다.

왜 그럴까. 논리는 논거論據에 의해 그 타당성을 입증하는바, 지식은 논거의 바탕이 되기 때문이다. 또한 상대방의 논거를 뒤집어 내 생각이 옳음을 증거하는 데 유리하게 작용하기 때문이다. 물론 이는 어디까지나 자신의 지식이 상대방의 논거를 뒤집을 수 있을 만큼 더 폭이 넓고 분명해야 한다는 것을 간과해서는 안 된다는 점을 분명히 해야 한다. 그래야만 상대방이 더 자기 생각을 주장할 수 없기 때문이다.

상대방의 논거를 뒤집을 수 있으려면 자신의 지식이 적절하게 사용

될 수 있어야 한다. 이에 대해 독일 철학자 쇼펜하우어Schopenhauer는 자신의 저서 《논쟁에서 이기는 38가지의 방법》에서 이렇게 말했다.

"상대방에게 멋진 타격을 주는 방법 중에 상대방의 논거를 뒤집는 방법이 있다. 이것은 상대방이 이용하고자 하는 논거가 상대방을 공격하는 데 더 적절하게 사용될 수 있는 경우이다."

'아는 것은 힘이다'라는 말이 있듯 자신의 지식이 상대방보다 우위에 있게 하기 위해서는 폭넓은 지식을 갖춰야 한다. 유대인이 대화함에 있어 지식을 적절히 이용하는데 익숙한 것은 탈무드에 그 근본이 있다. 탈무드는 유대인이 어린 시절부터 의무적으로 읽어야 하는 지식과 지혜의 보고이다. 유대인의 지식이 뛰어난 것은 바로 탈무드의 힘인 것이다.

02

선민사상

Elitism

선민사상Elitism이란 '한 사회에서 소수의 잘사는 사람들이 그렇지 못한 사람들에 대해 가지는 우월감'을 말한다. 선민選民이란 용어는 '선택받은 민족'이란 뜻으로 구약성서에 나오는 '암 세굴라(귀한 백성)' 그리고 '암 나할라(상속받은 백성)'에서 왔다. 따라서 유대인에게 있어 선민사상이란 '하나님으로부터 선택받은 민족'이란 뜻이다. 이를 좀 더 부연해서 말한다면 유대인은 전 세계 수많은 민족 중에서 아주 '특별한 민족'이란 것이다.

"아브람이 구십구 세 때에 여호와께서 아브람에게 나타나서 그에게 이르시되 나는 전능한 하나님이라 너는 내 앞에서 행하여 완전하라 내가 내 언약을 나와 너 사이에 두어 너를 크게 번성하게 하리라 하시니 아브람이 엎드렸더니 하나님이 또 그에게 말씀하여 이르시되 보라 내 언약이 너와 함께 있으니 너는 여러 민족의 아버지가 될지라 이제 후로는 네 이름을 아브람이라 하지 아니하고 아브라함이라 하리니 이는 내가 너를 여러 민족의 아버지가 되게 함이라 내가 너로 심히 번성하게 하리니 내가 네게서 민족들이 나게 하며 왕들이 네게로부터 나오리라 내가 내 언약을 나와 너 및 네 대대 후손 사이에 세워서 영원한 언약을 삼고 너와 네 후손의 하나님이 되리라 내가 너와 네 후손에게 네가 거류하는 이 땅 곧 가나안 온 땅을 주어 영원한 기업이 되게 하고 나는 그들의 하나님이 되리라 하나님이 또 아브라함에게 이르시되 그런즉 너는 내 언약을 지키고 네 후손도 대대로 지키라."

이는 구약성서 창세기(17장 1절~9절)에 나오는 말씀으로 하나님께서 아브라함을 이스라엘의 믿음의 조상으로 삼고, 그에 따른 축복과 해야 할 일에 대하여 명하신 말씀이다. 이 말씀을 보면 아브라함의 자손인 유대인들이 지켜 행해야 할 책임과 의무에 대해 알 수 있다. 유대인들의 믿음의 조상 아브라함은 열국列國의 아버지로서 하나님의

큰 은혜를 입은바 그 뜻을 따르기 위해 믿음을 준수하였다. 하나님
은 약속대로 아브라함에게 그의 나이 100세 때 아들 이삭을 낳게 하
였으며, 이삭은 에서와 야곱을 낳았으며, 야곱은 이스라엘이란 이름
을 하나님으로부터 선물 받았다. 이스라엘은 '하나님과 겨뤄서 이기
다'는 뜻으로, 이 말씀 속에는 '이제부터 내가 너를 주도하고 내가 너
를 다스릴 것이다'라는 의미가 담겨 있다. 이를 좀 더 구체적으로 말
해 네 믿음이 곧고 의로우면 내가 너를 지키고 축복을 해주신다는 의
미로 볼 수 있다.

야곱에겐 12명의 아들이 있는데, 이들은 유대인 12지파의 근원이
되었다. 이스라엘의 자손들은 모두 12지파에게서 뻗어 나왔다. 말하
자면 이스라엘은 하나님의 말씀대로 오늘에 이른 것이다.

유대인은 여호와 하나님으로부터 선택받았다는 것에 대한 긍지와
자부심이 참으로 대단하다. 이런 생각은 우월감을 지니게 하지만, 그
것은 그에 대한 의무를 이행했을 때에라야 더욱 공고해진다. 그래서
일까. 유대인은 하나님의 백성으로서의 책임과 의무를 다하는 것으
로 정평이 났다. 하나님께 순종하고 계율을 잘 따르면 축복받는다는
것은 유대인에게 있어서는 목숨과도 같은 것이다. 이런 생각에 따라
유대인은 자신들의 역사와 자신들의 운명은 하나님의 목적이 성취
되도록 결정되어 있다며, 자신들의 역사를 종교적 사명감과 운명으

로 연결 지음으로써 자신들의 선민사상을 더욱 더 확대하여 정립했다. 즉, 자신들은 하나님의 계시를 완성하는 도구이면서, 하나님의 살아 계심과 그의 율법을 이 세상의 모든 이들에게 전달하는 대변자이자 증거자라는 것이다.

이렇게 볼 때 유대인은 처음부터 하나님의 계획에 따라 만들어졌고, 하나님은 자신들을 통해 율법을 세상 사람들에게 전하는 특별한 사명을 지닌 민족이게 했다는 것이다. 이러한 유대인의 생각은 스스로 엄격하게 율법에 매이게 했으며, 율법을 잘 지키는 것이야말로 하나님의 선택받은 민족으로서 마땅히 행해야 할 일이라는 것을 자랑스럽게 여기며 실천에 옮기고 있다. 그러는 가운데 겪게 되는 온갖 시련과 역경 또한 당연히 받아들이고, 환난을 극복하기 위해 뜻을 모아 기도하며 최선을 다한다. 그 어떤 환난과 고통도 유대인에겐 문제가 되지 않는다. 그것은 더 큰 축복을 받기 위한 기회라고 여기는 것이다.

유대인의 선민사상이 비언어적 화법 요소로서 그 빛을 발하는 것은 선택받은 민족으로서의 자부심과 자긍심을 갖게 하기 때문이다.

유대인의 선민사상은 상대방과의 대화에 있어 자신감이 넘치게 하고, 어려운 상황을 겪게 돼도 두려워하지 않게 한다. 나아가 이런 생각은 상대방이 누가 되었든 간에 문제가 되지 않게 한다. 왜 그럴까.

어떤 상황에서도 하나님은 내 편이 되어 줄 거라고 믿기 때문이다. 이처럼 하나님에 대한 믿음의 신념은 그 어떤 상황에서도 이겨내게 한다.

이런 관점에서 볼 때 선민사상은 유대인에게 필요한 비언어적 화법 요소이며, 그들은 이를 적절하게 적용함으로써 대화를 유리하게 이끌어나가는 것이다.

03

토라
Torah

토라Torah는 유대교에 있어 구약성서의 용어로 '율법'을 뜻한다. 즉, 구약성서 〈창세기〉, 〈출애굽기〉, 〈레위기〉, 〈민수기〉, 〈신명기〉를 말한다. 이를 '모세오경'이라고도 하는데, 모세가 하나님의 계시를 받고 썼다고 해서 이르는 말이다.

토라는 하나님이 이스라엘의 백성 즉 유대인에게 내린 말씀으로 꼭 알아야 할 가르침이자 지켜야 할 지침이다. 〈창세기〉는 인류 역사의 창조와 에덴동산의 아담과 하와, 카인과 아벨, 노아와 홍수, 바벨

탑(창세기 1장~11장) 등의 원 역사와 아브라함과 이삭, 야곱, 요셉 등의 이스라엘 민족 족장들의 역사(창세기 12장~50장)를 전한다.

〈출애굽기〉는 이스라엘 민족이 이집트에 속박된 노예로 있던 중 모세에 의해 해방된 이야기를 기록한 것이다. 출애굽기(1장~18장)는 이집트에 속박된 이야기와 모세에 의해 이집트를 탈출하여 시나이 산으로 간 것과 하나님과 이스라엘 사이에 맺은 계약에 관한 이야기와 이스라엘의 법률을 기록했다.

〈레위기〉는 제사장과 제사장이 하는 일에 대해 다섯 가지로 정리하여 기록했다. 첫째는 희생법(레위기 1장~7장), 둘째는 제사장의 취임과 직무를 수행하는 법(레위기 8장~10장), 셋째는 제의祭儀의 정결에 관한 법(레위기 11장~16장), 넷째는 하나님의 백성으로서 지켜야할 법(레위기 17장~26장), 다섯째는 성전 제물과 종교적 서원을 위해 바치는 제물에 관한 기록(레위기 27장)으로 구성되어 있다.

〈민수기〉는 이스라엘 민족이 시나이산에서 약속의 땅 가나안을 차지하기까지의 여정에 대해 기록한 것으로, 이스라엘 백성은 신앙 없이 하나님의 뜻을 거스르는 사람들로, 하나님은 이스라엘 백성을 보살펴주시는 분으로 기록했다.

〈신명기〉는 이스라엘 민족의 과거를 돌이키고, 모세가 시나이산에서 사람들에게 전한 율법을 상기시키며 약속의 땅에서 이스라엘 민족이 행복을 누리려면 이 율법을 반드시 지켜야 한다는 것을 기록했다.

토라에는 유대인이 살아가면서 반드시 지켜야 할 율법이 담겨 있다. 율법 중에는 해야 할 것과 하지 말아야 할 것 등이 있다. 유대인에게 있어서 토라는 탈무드와 같이 하나의 삶이며 영혼의 양식과도 같다.

"이스라엘아 들으라 우리 하나님 여호와는 오직 유일한 여호와이시니 너는 마음을 다하고 뜻을 다하고 힘을 다하여 네 하나님 여호와를 사랑하라 오늘 내가 네게 명하는 이 말씀을 너는 마음에 새기고 네 자녀에게 부지런히 가르치며 집에 앉있을 때에든지 길을 갈 때에든지 누워 있을 때에든지 일어날 때에든지 이 말씀을 강론할 것이며 너는 또 그것을 네 손목에 매어 기호를 삼으며 네 미간에 붙여 표로 삼고 또 네 집 문설주와 바깥 문에 기록할지니라."

이는 〈신명기〉(6장 4절~9절)에 나오는 말씀으로 이를 '쉐마Shema'라고 한다. 쉐마는 "이스라엘아 들으라. 우리 하나님 여호와는 오직 유일한 여호와이시니"라는 〈신명기〉(6장 4절) 첫 구절에서 유래했다. 암송하는 성경 문구는 〈신명기〉(6장 4절~9절)로 유대인들은 하루에 이를 여러 차례 암송한다. 유대인은 이를 통해 몸과 마음을 정결히 하고, 해야 할 것과 하지 말아야 할 것 등을 통해 하나님의 백성으로서 본분을 다한다.

토라가 유대인 대화법에 있어 비언어적 화법 요소로서 지니는 중요성은 의식을 바르게 하여 몸과 마음이 흐트러짐이 없게 함으로써 사람들과의 대화에서 믿음과 신뢰를 구축하는 데 큰 도움을 주기 때문이다.

사람은 누구나 상대방이 흐트러짐이 없으면 대화를 함에 있어 함부로 하지 못할 뿐만 아니라 조심하게 된다. 유대인은 바로 이런 점을 간파하여 자기 생각을 상대에게 주입한다. 그러면 상대방은 수긍하게 되고, 대화의 무게중심은 결국 유대인에게 기울게 된다.

토라는 단순히 유대인이 암송하고 행해야 하는 계율이 아닌, 생활이며 삶이다. 그런 이유로 토라는 유대인의 몸과 마음에 자연스럽게 배어 있고 그것은 대화에서도 여실히 적용되고 있는 것이다.

04

하브루타
Chavruta

유대인은 둘 이상이 모여 공부한다. 이른바 토론식 학습법이다. 유대인이 토론식 공부에 정통한 것은 어린 시절부터 질문을 하고 질문에 답하는 것에 익숙하기 때문이다. 이를 하브루타Chavruta라고 한다. 이는 '우정', '동반자 관계'를 뜻하는 아람어로 '친구', '동반자'를 뜻하는 하버Chaver에서 유래했다고 한다.

유대인의 전통 교육방식인 토론식 공부는 탈무드와 토라도 예외가 아니다. 그들이 하는 모든 공부는 토론식으로 진행된다. 질문을 하고 질문에 답하는 토론식 공부는 상대방의 생각과 자기 생각을 비교함으로써 서로의 생각을 배우게 되고, 그러는 가운데 이야기하는 방법 즉 대화법도 계발된다. 또한 창의적인 생각을 공유함으로써 개인의 발전은 물론 전체를 생각하고 위하는 마음이 싹트게 된다. 유대인이 응집력이 좋은 것은 어린 시절부터 서로의 생각을 배우고 서로를 존중하는 마음에 있다고 하겠다. 그리고 토론식 공부를 통해 논리력이 향상되고, 잘 정리된 논리력은 대화와 논쟁을 하는 데 있어 토론식 공부는 주입식 공부법의 맹점인 비창의적이고 비주도적인 학습을 창의적이고 주도적인 학습으로 이끌어내는 선진적인 학습법이다.

유대인의 평균 아이큐는 우리나라 사람들과 비교해 아주 낮다. 그런데도 그들이 우리나라 사람들보다 창의적인 것은 어린 시절부터 다져진 창의적인 학습법에 따른 결과이다.

애플의 창업자 스티브 잡스가 검은 티셔츠와 청바지 차림으로 직접 제품을 설명하는 모습은 전 세계인들의 뇌리에 깊이 각인되어있다. 그가 프레젠테이션하는 열띤 모습은 많은 사람들에게 깊은 인상을 심어주었고, 애플 제품은 날개를 달고 팔려나갔다. 스티브 잡스 역시 어린 시절 유대인 양부모로부터 토론식 학습법을 배웠기에 그처럼 멋진 프레젠테이션을 할 수 있었던 것이다.

토론식 학습법이 유대인의 비언어적 화법 요소로서 긍정적인 영향을 미치는 것은 바로 '토론'을 통해 창의력은 물론 논리력을 키울 수 있기 때문이다. 논리는 대화할 때 자기 생각을 뒷받침해 주는 뒷받침해주는 매우 중요한 비언어적 화법 요소다.

미국 국무부 장관으로 외교의 달인으로 불리며 한 시대를 풍미했던 헨리 키신저는 토론의 명수였다. 다시 말해 대화의 명수라는 말이다. 자신만의 대화법으로 미국 이민자에서 국무장관으로 이름을 떨친 헨리 키신저. 그가 성공할 수 있었던 것은 대화법에 있었다. 이런 관점에서 볼 때 유대인의 전통 학습법인 하브루타 즉 토론식 학습법은 매우 큰 의미를 지닌 유대인의 비언어적 화법 요소라고 할 수 있다.

05

경청
Listen

경청Listen은 '남의 말을 귀 기울여 주의 깊게 듣는 행위'를 말한다. 남의 말에 귀 기울여 듣는 것은 상대방에 대한 예의로 '경청傾聽'에서 '경傾'은 '기울일 경' 즉 '귀 기울이다'라는 뜻이다. 그러니까, 남이 하는 말을 잘 듣기 위해 상대방의 말에 주의를 집중한다는 의미를 담고 있다.

이런 자세는 말하는 사람을 흐뭇하게 만드는 아름다운 행위이다. 그래서 남의 말을 잘 듣는 사람은 어디를 가든, 누구와 대화를 하든 좋은 이미지를 심어주고 훌륭한 인품을 지닌 사람이라는 평가를 받는다. 그러나 자기 말만 하는 사람이나 하려고 하는 사람은 눈총을 받고 눈살을 찌푸리게 만든다. 이런 사람은 상대방에 대한 예의가 없을 뿐만 아니라 대화의 자세가 되어 있지 않다고 생각하기 때문이다.

유대인은 어린 시절 부모로부터 주의 깊게 듣는 법을 배운다. 말을 잘하는 것도 좋은 일이지만 잘 듣는 것은 그보다 더 좋은 처세라고 믿는 까닭이다.

유대인의 지혜서 탈무드에는 이런 말이 있다.

"인간의 입은 하나 귀는 둘이다. 이것은 듣기를 배로 하라는 것이다."

"입보다는 귀를 높은 자리에 두어라."

이 말은 듣기 즉 경청하라는 뜻이다. 유대인은 어린 시절 이 문구를 마음에 새기고 그대로 따랐다. 그들은 무슨 일이든 가르침이나 배움으로 끝내는 것을 매우 경계하기 때문이다. 실천이 따르지 않는 것은 그것이 학문이든, 믿음이든, 배움이든 그 무엇이든 간에 의미 없는 일이라고 생각한다. 이런 생각은 유대인에게 있어 실천하는 것을 근본으로 여기게 했다. 이 또한 탈무드의 가르침에 따른 것으로 다음과 같은 말이 있다.

"가장 중요한 것은 연구가 아니라 실천이다."

이 말에서 보듯 '실천의 힘'은 그 어떤 것보다도 힘이 세고 가치가 있다는 것을 잘 알게 한다.

에이브러햄 링컨, 알베르트 아인슈타인, 헨리 키신저, 윈스턴 처칠, 조지 워싱턴, 넬슨 만델라, 앤드루 카네기, 로널드 레이건 등을 비롯한 성공한 역사적인 인물들에겐 한 가지 공통점이 있는데 하나같이 '경청의 고수'라는 것이다. 이들은 말을 잘하는 것 못잖게 경청의 달인이었다. 참모를 비롯한 친구들, 그리고 지지하는 사람들은 자신의 말을 잘 들어주는 이들에게 믿음과 신뢰를 아낌없이 보내주었던 것이다.

경청이 말은 쉽지만 하기 어려운 것은, 사람은 누구나 자기가 상대방보다 '더 낫다' 또는 '더 나아야 한다'라는 생각을 잠재적으로 갖고 있기 때문에 남의 말을 듣기보다는 자신이 더 많은 말을 하려고 하는 습성이 있다.

문제는 말을 많이 하다 보면 쓸 말도 많지만 상대적으로 쓸데없는 말도 많은 법이다. 그래서 말이 많은 사람들 중엔 설화舌禍로 인해 하루아침에 공든 탑을 무너뜨리고 패가망신敗家亡身하는 예를 종종 보게 된다. 그러나 말이 적고 남의 말을 잘 들어주는 사람에게는 이런 일은 절대 없다. 도리어 품위 있는 사람으로 올려다본다.

"말이 많으면 쓸 말은 상대적으로 적은 법이다."

이는 춘추전국시대의 학자이자 사상가인 묵자墨子가 한 말로 말을 많이 한다는 것이 얼마나 조심스럽고 무익한 일인지를 잘 알게 한다.

또한 《전당서全唐書》〈설시편舌詩篇〉에는 구시화문口是禍問이란 말이 있다. 이는 '입은 재앙의 문'이라는 뜻으로 말을 항시 조심해야 한다는 뜻이다. 그러고 보면 말이 인간관계에 있어 얼마나 중요한지를 잘 알 수 있다.

유대인은 이를 잘 알았기에 어린 시절부터 선조들이 그래왔던 것처럼 말을 조심하고 '경청'하는 것을 매우 중요하게 여기는 것이다. 유대인에게 경청이 비언어적 화법 요소로 갖는 의미는 매우 크다고 하겠다.

06

유머

Humor

유대인을 가리켜 '유머의 민족' 또는 '웃음의 민족'이라고 한다. 유대인은 둘이든 셋이든 모이면 유머를 즐긴다. 유머는 유대인에게 있어서는 하나의 생활이자 삶의 습관이다. 그들은 오랜 세월 시련과 고난을 겪으면서도 유머를 잃지 않았다. 유머를 통해 서로가 힘을 얻고 기쁨의 날이 올 것을 기다리며 어려움을 이겨냈다.

유대인이 유머를 즐기는 것은 삶의 습관이기도 하지만, 그들에게 유머는 하나의 '지적 수단'으로 작용하기 때문이다. 유대인은 묻고 대답하는 가운데도 유머를 즐긴다. 유머를 즐기는 가운데 물음에 대한 답을 자연스럽게 생각하게 되고, 그렇게 해서 길러진 생각은 창의적인 상상력을 기르게 한다. 그래서일까. 유머를 즐기는 사람이 머리가 좋다는 말도 있다. 이를 보더라도 유머는 단순히 남을 웃기기만을 위한 것이 아니다.

히브리어로 조크를 '호프 마'라고 한다. 이 말의 뜻은 예지, 지혜를 뜻한다. 그러면 예지와 지혜란 무엇인가?

예지는 삶의 이치를 미루어 아는 '지각 능력'을 말한다. 또한 지혜란 삶에서 얻어진 모든 상식을 비롯한 '앎'을 뜻한다. 예지와 지혜는 인간의 삶을 바르게 하고, 지금보다 나은 미래를 만드는 근원이 되어 준다. 그래서 예지와 지혜를 풍부하게 기를 수 있다면 그만큼 발전적이고 창의적인 삶을 열어갈 수 있게 된다.

유대인은 유머를 '지성의 숫돌'이라고 한다.

숫돌이란 무엇인가? 숫돌은 무뎌진 칼이나 낫 등을 가는 돌을 말한다. 잘 갈아진 칼과 낫은 풀을 베거나 나무를 자르는 데 요긴하게 사용된다. 이와 마찬가지로 유대인이 지혜가 무뎌지지 않도록 즐겨 활용한 것이 바로 유머이다. 유대인은 유머를 통해 지혜를 기르고, 상상력을 기른다.

"내게 있어 최고의 학교는 조크다. 사람들이 지키려는 룰만 무조건 받아들여서는 안 된다. 그 룰에 갇혀있다면 그 룰을 뒤엎고 새로운 룰을 만들어 낼 수 없기 때문이다."

이는 알베르트 아인슈타인Albert Einstein이 한 말로 그가 20세기 최고의 물리학자가 될 수 있었던 것은 경직된 생각의 틀에 갇히지 않는 자유분방한 사고에 있었음을 알게 해주는 말이다.

아인슈타인을 비롯해 정신분석학의 창시자 지그문트 프로이트Sigmund Freud, 미국 외교의 달인 헨리 키신저Henry Kissinger는 코미디언이라고 할 만큼 사람들을 즐겁게 하는 유머 감각이 뛰어났다고 한다. 물론 이들은 하나의 예로서 한 말이지만, 우리가 알고 있는 유명한 유대인은 하나같이 유머를 즐겼다. 이를 보더라도 지적 감각을 일깨우는 수단으로 유머를 사용했음을 알 수 있다.

또한 유머는 사람들과 소통하는 데 매우 중요한 수단이다. 이를 잘 알았던 유대인은 유머를 통해 사람들과 친분을 쌓았으며, 지속적인 관계를 이어가는 디딤돌로 삼았다. 유대인만큼 타민족에 의해 억압받고 멸시와 천대를 받은 민족은 없다. 유대인은 자신들을 무시하고 무례하게 굴어도 낯을 붉히기보다는 웃으며 다가갔다. 그리고 유머를 날리며 사람들과 좋은 관계를 유지하기 위해 노력했다. 그것만이 자신들이 살아남는 길이라는 걸 너무도 잘 알았던 것이다.

오늘날 유대인이 각 분야에서 두각을 나타낼 수 있었던 것은 척박한 환경에서도 굴하지 않고, 천성적인 강인함과 유머로 자신들을 극복했기 때문이다. 이렇듯 유머는 유대인에게 있어 지적 수단으로, 처세의 수단으로, 소통의 수단으로 그리고 대화의 묘미를 살리는 대화법의 수단으로 지금도 변함없이 사용되고 있다.

07

중용
Mean

중용中庸이란 '과하거나 부족함이 없이 떳떳하며 한쪽으로 치우침이 없는 상태나 정도'를 말한다. 우리말에 '적당히'라는 표현이 있는데, 이 또한 더하지도 말고 덜하지도 말라는 뜻이다. 이런 관점에서 볼 때 중용이란 말은 인간이 살아가는 데 지켜야 할 가장 보편적인 심리心理라고 할 수 있다. 즉, 인간관계에 있어 중용을 지킨다는 것은 한쪽으로 치우침으로써 발생할 수 있는 '모순'을 방지하는 삶의 '도道'로서의 처세이기 때문이다. 중용이 다분히 기회주의적이라고 말하는 사람들도 있다. 하지만 넘쳐서 해하거나 모자라서 부족한 것보다는 지혜로운 처세라고 할 수 있다.

유대인은 오랜 세월 박해를 받으며 살아왔다. 그러다 보니 그들은 극단적인 것을 매우 경계하게 되었다. 극단적으로 흐른다는 것은 죽기 아니면 살기라는 양단간에 결정이 따르는 위험한 삶의 플레이이다. 만일 그들이 극단적인 삶을 선택했다면 오늘날 지구상에 유대인은 존재하지 않았을 것이다. 왜냐하면 유대인은 가는 곳마다 핍박과 박해를 받았기 때문이다.

그러나 유대인은 지혜로운 민족이었으므로 고난과 시련을 극복하는 방법은 중용적 사고에 있다는 것을 알았다. 중용적 사고는 극단적 사고와는 전혀 다른 삶의 패턴을 지향하게 하는 까닭이다. 그들은 살기 위해 중용적인 선택을 했다. 그것은 유대인의 조상 아브라함 때부터 내려오는 삶의 방식이었다. 위험한 순간 모험을 택하는 것은 자칫 화를 부를 수 있지만, 중용적인 사고는 그 순간을 지혜롭게 모면할 수 있게 한다.

유대인은 타민족과의 대립에서 자신들에게 유리하다고 판단이 설 땐 대립을 피하지 않지만, 불리한 상황에서는 언제나 중용적인 입장을 취했다. 어쨌거나 살아남는 것이 더 현명하다는 생각에서다.

유대인의 중용적 사고는 그들을 현실주의자가 되게 했다. 그리하여 어떤 상황에서도 도태되지 않고 끝까지 살아남아 오늘에 이른 것이다.

　이러한 그들의 중용적 사고는 대화할 때 그 빛을 발한다. 유대인은 대화 시 상대방을 자극하는 말은 될 수 있으면 하지 않는다. 그것은 대화에 전혀 도움이 되지 않는다고 보는 것이다. 그 때문에 유대인은 상대방을 자극하지 않고 논리에 맞게 설득함으로써 상대방을 이해시키고 자기 생각에 따르도록 만든다.

　유대인이 금융이나 경제 분야에서 뛰어난 역량을 발휘하는 것은 바로 중용적 사고에 따른 논리력을 앞세운 설득에 의해서다. 금융이나 경제는 그 어떤 것보다도 민감하고, 시대의 흐름을 반영하는 데 있어 반응하는 속도가 빠르고 정확하기 때문이다.

　이처럼 중용적 사고는 유대인을 가장 실용적이고 현실주의적인 인간형으로 만드는 주체가 되었다.

08

강인함

Strong

유대인은 대립을 두려워하지 않는 강인強靭한 민족이다. 대립을 두려워하지 않는 건 그들이 믿는 유일신이신 하나님 때문이다. 이를 알 수 있는 말씀을 보자.

"두려워하지 말라 내가 너와 함께 함이라. 놀라지 말라 나는 네 하나님이 됨이라. 내가 너를 굳게 하리라 참으로 너를 도와주리라. 참으로 나의 의로운 오른손으로 너를 붙들리라."

이는 구약성서(이사야 41장 10절)에 있는 말씀으로 하나님이 야곱 즉

이스라엘에게 당부하여 이르는 말씀이다. 야곱은 하나님의 선택을 받고 '이스라엘'이라는 이름으로 불리게 되었다.

그리고 하나님의 축복으로 12명의 아들을 두었는데, 이들이 이스라엘 12지파가 된다. 그들이 지파마다 후손을 이루어 모두 유대인이라는 이름으로 살아오면서 지금에 이른 것이다.

이사야서에서 하나님은 야곱에게 자신이 그와 함께함으로 두려워하지 말라고 하신 것은 곧 그의 후손들까지 이르는 것으로 이로 말미암아 유대인은 대립을 두려워하지 않고 강인한 마인드를 갖게 된 것이다. 하나님께서 지켜주시니 그 무엇이 두려울 것인가 라는 굳은 마음이 유대인의 가슴속에 뜨겁게 불타오르고 있는 것이다.

유대인이 두려움 없이 자신들의 종교적 신념의 예를 단적으로 보여주는 것이 1967년 이스라엘과 아랍 연합국가 간에 일어난 전쟁이다. 전쟁이 일어났을 때 세계 각처에 살고 있던 유대인들은 너나 할 것 없이 조국으로 향했다. 미국 주요 도시의 공항에는 이스라엘행 비행기를 타려는 유대인들로 북새통을 이루었다. 그들은 자신의 조국을 위해 자신이 피땀 흘려 이룬 모든 것을 포기하면서까지 조국을 향해 날아갔던 것이다.

그 결과 다윗과 골리앗의 전쟁이라는 세계인들의 생각을 완전히 뒤엎고 일주일도 안 돼 이스라엘의 승리로 싱겁게 끝나고 말았다. 세계 언론은 연일 보도를 해댔고, 그 소식을 들은 세계인들은 벌어진 입을 다물지 못했다. 그도 그럴 것이 300만도 안 되는 이스라엘이 수십 배가 넘는 아랍연합 국가를 물리친 것은 기적과 같은 것이기 때문이다.

이처럼 유대인은 상대가 누구든 전혀 주눅 들지 않는 강인한 민족성을 갖고 있다. 유대인은 오랜 역사와 전통을 가진 민족이지만 비극적 역사로 점철된 아픔을 가진 민족이기도 하다. 그들이 강해질 수 있었던 것은 시련과 아픔 때문이었으며, 그로 인해 그 어떤 것에도 두려워하지 않는 강인한 민족성을 갖출 수 있었다.

"쇠를 벼리기 위해서는 쇠를 쓰고, 인간을 단련하기 위해서는 인간을 쓴다."는 말이 있다. 또 "칼을 갈 때는 다른 칼로 간다."

이는 탈무드에 나오는 말로 쇠는 쇠로써 단단하게 벼리고, 칼은 칼로써 갈아야 한다는 것이다. 즉 상대적으로 같은 것이 오히려 더 강하게 단련시킨다는 의미이다. 사람 사이에서도 마찬가지이다. 때로는 격론을 벌이고 대립도 하게 된다. 그런 대립을 통해 더욱 강해질 수 있고 진보할 수 있는 것이다. 대립을 두려워하지 않는 강한 마음은 유대인의 최대의 장점이자 덕목이다.

이런 관점에서 볼 때 두려워하지 않는 강인한 마음은 대화에서도 여실히 드러난다. 상대를 두려워하면 제대로 자신의 생각을 펼칠 수 없지만, 두려워하지 않으면 자기 생각을 자신이 생각하는 대로 펼칠 수 있기 때문이다.

두려워하지 않는 강인함은 유대인의 비언어적 화법 요소로서 매우 의미 있는 것이라 할 수 있다.

09

진정성

Authenticity

진정성Authenticity이란 '진실하고 참된 성질'을 말한다. 그러니까 거짓이 없는 진실하고 참된 마음은 인간관계에서 반드시 갖춰야 할 마인드이다. 진정성이 있으면 그 사람이 하는 말과 그 사람 자체를 믿게 되고, 그와 함께 하는 것을 덕으로 여기게 된다. 진정성은 긍정적인 에너지를 품고 있어 자신에게도 긍정적인 에너지가 미치기 때문이다.

하지만 진정성이 없는 사람은 그 사람이 하는 말과 행동, 외적인 모든 것까지 부정적으로 여기게 된다. 그 사람을 멀리 하게 되고 가까이하는 것을 경계한다. 그런 사람을 가까이 한다는 것은 부덕不德함을 품고 사는 것과 같고 자신을 부정하고 부도덕하게 만드는 일인 것이다. 그런 까닭에 진정성이 없는 사람은 어디에서든 경계의 대상이 된다.

"너희는 세상의 소금이니 소금이 만일 그 맛을 잃으면 무엇으로 짜게 하리요 후에는 아무 쓸데없어 다만 밖에 버려져 사람에게 밟힐 뿐이니라 너희는 세상의 빛이라 산 위에 있는 동네가 숨겨지지 못할 것이요 사람이 등불을 켜서 말 아래 두지 아니하고 등경 위에 두나니 이러므로 집안 모든 사람에게 비치느니라 이같이 너희 빛이 사람 앞에 비치게 하여 그들로 너희 착한 행실을 보고 하늘에 계신 너희 아버지께 영광을 돌리게 하라."

이는 신약성서(마태복음 5장 13절~16절)에서 예수 그리스도께서 유대인에게 하신 말씀으로 그들이 진정성을 품고 살아야 하는 이유가 잘 나타나 있다. 진정성은 유대인이 반드시 품어야 할 마인드로, 모든 사람을 진실로써 대하고 그들에게 빛과 소금처럼 유익함을 주어야 하는 책임과 의무가 있는 것이다.

진정성은 사람이라면 반드시 갖춰야 하는 마인드이다. 사랑, 학문,

소통, 사업, 정치, 예술 등 무엇을 하든 진정성은 '소금'과 '빛'과 같은 것이다.

진실한 말의 소중함에 대해 노자老子는 이렇게 말했다.

"진실한 말에는 꾸밈이 없고, 꾸미는 말에 진실이 없다."

노자의 말에서 보듯 거짓이 없는 것, 꾸미지 않고 있는 그대로를 말하는 것이야말로 진정성의 참뜻인 것이다.

영국의 소설가이자 페미니즘의 선구자인 버지니아 울프Virginia Woolf는 자신의 진실함에 대해 이렇게 말했다.

"당신 자신에 대한 진실을 말하지 않으면 다른 사람에 대한 진실을 말할 수 없다."

버지니아 울프 말대로 스스로 진실할 때 다른 사람에게도 진실할 수 있고, 그로 인해 진정성 있는 내가 될 수 있는 것이다.

금융업과 경제 분야에서 중요시하는 것은 신용이다. 신용을 잃으면 금융이나 경제 활동은 불가능하게 된다. 유대인이 금융업과 경제 분야에서 크게 두각을 나타낼 수 있었던 것은 신용을 철칙으로 했기 때문이다. 이는 한마디로 '진정성'이 있어야만 '신용' 또한 갖추게 된다는 밀이나. 진정성은 유대인의 비언어적 화법 요소로서 오늘날의 그들이 되는 데 크게 작용했으며, 대화와 소통에 있어 꼭 필요한 요소인 것이다.

10

성실성

Sincerity

성실성Sincerity의 사전적 의미는 '정성스럽고 참된 품성'이다. 정성스럽다는 것은 마음을 다하고 뜻을 다해 성의 있게 대하는 '따뜻한 마음'을 뜻하고, 참된 품성이란 '진실한 성품'을 말함이다. 그러니까 성실하다는 것은 '참된 품성으로 성의를 다하는 것'을 이른다.

유대인은 성실성을 미덕으로 여기며 실천에 옮긴다. 그들은 오랜 세월 유목 생활을 하면서 살아왔다. 중동지역은 지리적으로 거친 돌과 사막이 도처에 있다. 나무와 풀, 물이 귀한 곳이다. 이런 거친 환경에서 풀과 물을 찾아 유목 생활을 한다는 것은 여간 부지런하고 성실하지 않으면 안 된다. 척박한 환경 속에서 경쟁적으로 살아가기 위해서는 남보다 부지런하고 성실해야 한다.

"어떤 사람이 타국에 갈 때 그 종들을 불러 자기 소유를 맡김과 같으니 각각 그 재능대로 한 사람에게는 금 다섯 달란트를 한 사람에게는 두 달란트를 한 사람에게는 금 한 달란트를 주고 떠났더니 다섯 달란트 받은 자는 바로 가서 그것으로 장사하여 또 다섯 달란트를 남기고 두 달란트 받은 자도 그같이 하여 또 두 달란트를 남겼으되 한 달란트 받은 자는 가서 땅을 파고 그 주인의 돈을 감추어 두었더니 오랜 후에 그 종들의 주인이 돌아와 그들과 결산할 새 다섯 달란트 받았던 자는 다섯 달란트를 더 가지고 와서 이르되 주인이여 내게 다섯 달란트를 주셨는데 보소서 내가 또 다섯 달란트를 남겼나이다 그 주인이 이르되 잘 하였도다 착하고 충성된 종아 네가 적은 일에 충성하였으매 내가 많은 것을 네게 맡기리니 네 주인의 즐거움에 참여할지어다 두 달란트 받았던 자도 와서 이르되 주인이여 내게 두 달란트를 주셨는데 보소서 내가 또 두 달란트를 남겼나이다 그 주인이 이르되 잘 하였도다 착하고 충성된 종아 네가 적은 일에 충성하였으매 내가 많은 것을 네게 맡기리니 네 주인의 즐거움에 참여할지어다 하고 한 달란트 받은 자는 와서 이르되 주인이여 당신은 굳은 사람이라 심지 않은데서 거두고 헤치지 않은데서 모으는 줄을 내가 알았으므로 두려워하여 나가서 당신의 달란트를 땅에 감추어 두었나이다 보소서 당신의 것을 가지셨나이다 그 주인이 대답하여 이르되 악하고 게으른 종아 나는 심지 않은데서 거두고 헤치지 않은데서 모으는 줄로 네가 알았느냐 그러면 네가 마땅히 내 돈을 취리하는 자들에게나 맡겼다가 내가 돌아와서 내 원금과 이자를 받게 하였을 것이니라 하고 그에게서 그 한 달란트를 빼앗아 열 달란트 가진 자에게 주라 무릇 있는 자는 받아 풍족하게 되고 없는 자는 그 있는 것까지 빼앗기리라 이 무익한 종을 바깥 어두운 데로 내 쫓으라 거기서 슬피 울며 이를 갈리라 하니라"

이는 신약성서 마태복음(25장 14절-30절)에 나오는 이야기로, 예수그리스도는 달란트의 비유를 통해 부지런한 성실과 게으름의 나태함에 대해 가르침을 주었다. 물론 이는 신앙적인 관점에서 한 말이지만, 결국 신앙 역시 성실해야 훌륭한 믿음 생활을 하게 되고 돈독한 신앙심을 지닌 신앙인으로 살아가게 되는 것이다.

이를 인간적 관점에서 볼 때 성실한 삶을 산다는 것은 스스로를 축복하는 일이자 덕을 쌓는 일이다.

다음은 《탈무드》에 나오는 유대인의 성실성에 대해 잘 알게 하는 이야기이다.

어느 나라 국왕의 포도원에서 많은 일꾼들이 일하고 있었다. 그 중에 다른 일꾼들보다 월등히 일을 잘하는 한 일꾼이 있었다. 어느 날 포도원을 둘러보러 나온 왕의 눈에 그 일꾼의 모습이 들어왔다.

"저토록 성실하게 일을 하다니. 여봐라, 저 일꾼을 데려오라."

왕의 명을 받은 신하가 일꾼을 데리고 왔다.

"자넨, 참으로 성실하고 부지런한 사람이구먼."

"감사합니다. 대왕마마."

"아닐세. 진심으로 하는 말이네."

왕은 이렇게 말하며 일꾼과 포도원을 산책하였다. 유대인의 풍속엔 품삯을 그날그날 지불하는 전통이 있다. 그날도 일이 끝나자 일꾼들은 품삯을 받기 위해 줄지어 섰고, 그들 모두는 똑같은 액수의 품삯을 받았다. 뛰어난 일꾼이 똑같은 품삯을 받는 것을 본 다른 일꾼이 따지며 말했다.

"저 사람은 겨우 두 시간밖에 일하지 않고 나머지 시간은 대왕마마와 함께 산책만 했는데, 어째서 우리와 똑같은 액수의 품삯을 주는 겁니까? 이건 공평치 못한 일입니다."

이 말을 들은 왕이 말했다.

"이 사람은 너희들이 온종일 일한 것보다 더 많은 양의 일을 두 시간 안에 해냈다. 오전 시간 동안 일을 했다고 해서 일을 많이 했다는 것은 잘못이다. 얼마의 시간을 일했느냐가 중요한 것이 아니라 마나 열심히 일했느냐가 더욱 중요한 것이다. 너희들은 이 사실을 알아야 한다. 알겠느냐?”

왕의 말을 들은 사람들은 더 아무 말도 못 하고 말았다. 하나도 틀린 말이 아니었기 때문이다.

“저는 그냥 제 나름대로 일한 것뿐인데 대왕마마께서 그렇게 말씀해 주시니 감사할 따름입니다.”

부지런한 일꾼은 진심으로 감사해서 이렇게 말했다.

“아니다. 너의 충직한 마음이 너를 그렇게 만든 것이니라. 앞으로 나라를 위해 훌륭한 일을 해 나오.”

“알겠습니다. 대왕마마. 제 한 몸 바쳐 대왕마마와 나라를 위해 힘껏 일하겠습니다.”

왕의 말을 들은 일꾼은 환한 웃음을 지으며 그렇게 하겠다고 굳게 다짐하였다.

이 이야기에서 보듯 유대인은 성실성을 미덕으로 안다.

성실성은 사람의 마음을 움직이는 데 그 어떤 것보다 훌륭한 재능이며 수단이다.

“성실 하나로 살아가고 있는 사람이 남에게 감동을 주지 못했다는 예는 이제까지 하나도 없다. 반면에 성실과는 거리가 먼 사람이 남에게 감동을 주었다는 예도 이제까지 하나도 없다.”

이는 맹자孟子가 한 말로 성실성이 사람들에게 감동을 주는 인간관계의 주요 요소라는 것을 잘 알게 한다.

또한 영국의 비평가이며 사회사상가인 존 러스킨John Ruskin은 성실성에 대해 이렇게 말했다.

"인생은 흘러가는 것이 아니고, 성실로써 이루어져 가는 것이라야 한다. 우리는 하루하루를 그저 보내는 것이 아니고, 하루하루를 자기 자신이 가진 그 무엇으로 채워 가야 한다."

존 러스킨의 말에서 보듯 성실성은 요행과 관계없이 차근차근 그리고 꾸준히 해나가는 것이라는 것을 알 수 있다.

유대인의 성실성은 인간관계에서 매우 효율적으로 작용한다. 그래서 사람들은 그와 함께하면 자신에게 유익이 따른다고 생각한다. 유대인이 자기 일을 잘 해내는 것은 그들의 성실한 자세가 큰 요인이며, 성실성이 유대인의 비언어적 화법 요소로 왜 중요하게 작용하고 어떤 결과를 가져오는지 이해할 수 있다.

멋지게 나이들기로 마음 먹었다면

나는 오늘 삶의 철학을 배우기로 결심했다!
점점 세상과 이별하는 시간이 가까워진다 생각하니, 하루하루의 삶의 무게가 예전과는 다르게 느껴진다. 과거엔 하루를 헛되이 살면 그 하루로 끝났지만, 지금은 하루를 헛되이 살면 일주일을 아니 한 달을 아니 일 년을 잘 못 살 것처럼 여겨진다. 그래서 마음을 다잡게 되고, 나를 돌아보게 된다.

김옥림 지음

당신은 문제해결에 얼마나 탁월한가?

논리적인 삶을 위한 뇌섹 어드바이서(書)
논리적 추론을 배워 익히면 사물의 겉모습 뒤에 숨어있는 복잡한 내면까지 알아낼 수 있다. 이러한 능력은 문제를 정확하게 인지하고 해결하는 데 큰 도움이 되며, 나아가 당신의 성공 여부를 결정하는 요소 중 하나로 작용한다.

위레이 지음·송은진 옮김

서래books